CAMPAGNES

DE BUONAPARTE,

EN 1812, 1813 ET 1814.

Le même Libraire publiera incessamment :

HISTOIRE DE LA GUERRE D'ESPAGNE ET DE PORTUGAL, de 1807 à 1814, par *M. Sarrazin*, maréchal-de-camp, l'un des commandans de la Légion d'honneur, et ancien chef d'état-major du prince royal de Suède aux armées d'Allemagne et d'Italie ; 1 vol. in-8°, orné de la carte générale de l'Espagne et du Portugal, pour servir à l'intelligence de cette guerre.

CAMPAGNES DE BUONAPARTE,

EN 1812, 1813 ET 1814,

JUSQU'À SON ABDICATION,

D'APRÈS LES BULLETINS OFFICIELS DES ALLIÉS ET DES FRANÇAIS.

TRADUIT DE L'ALLEMAND,

ET AUGMENTÉ D'UN GRAND NOMBRE DE PIÈCES ET DOCUMENS TIRÉS DES MÉMOIRES DE CES DERNIERS TEMPS,

PAR M. BRETON DE LA MARTINIÈRE,

INTERPRÈTE ASSERMENTÉ PRÈS LA COUR ROYALE.

La gloire des armées françaises n'a reçu aucune atteinte. (*Paroles du* ROI, *le 4 juin* 1814.)

PARIS,

J. G. DENTU, IMPRIMEUR-LIBRAIRE,

Rue du Pont-de-Lodi, n° 3, près le Pont-Neuf.

1814.

PRÉFACE

DU TRADUCTEUR.

—

Outre les bulletins que les chefs des différens corps d'armées des alliés ont publiés sur les campagnes de 1812, 1813 et 1814, et qui ont été insérés dans les gazettes étrangères, il a paru en Allemagne plusieurs ouvrages où ces évènemens mémorables se trouvent, en quelque sorte, résumés et dépouillés des détails parasites qui auraient peu d'intérêt pour la majorité des lecteurs.

Les principales de ces brochures sont intitulées :

1° *Courte et véridique Relation des actions infâmes de Napoléon Buonaparte, de ses guerres en Espagne et en Russie, et de la destruction de sa puissance militaire*, etc. ;

2° *Campagne des Prussiens et des Russes en* 1813, *jusqu'à l'armistice du 5 juin;* par C. de W., avec cette épigraphe :

> La critique est aisée et l'art est difficile.

3° *Relation des grands et* historiques *évènemens du mois d'octobre* 1813, avec cette épigraphe :

> Le masque tombe, l'homme reste ;
> Et le héros s'évanouit.

4° *Leipsick pendant les angoisses des batailles du mois d'octobre* 1813.

Les quatre ouvrages se font presque immédiatement suite, sans lacunes et sans anticiper l'un sur l'autre. C'est de leur réunion que j'ai composé ce précis des *dernières* campagnes de Buonaparte.

Cependant j'ai usé d'une très-grande liberté avec les auteurs originaux. J'ai supprimé des déclamations, des diatribes, les unes évidemment injustes, les autres aujourd'hui sans objet. Je me suis permis aussi un autre genre de correction ; j'ai comparé les bulletins de l'armée française avec les rapports officiels des alliés, et j'ai souvent indiqué avec impartialité ce qui me paraissait inexact, exagéré ou controuvé, soit dans les uns, soit dans les autres. Il fut un temps où l'on aurait été disposé à tout croire dans les rapports français, à tout révoquer en doute dans les rapports ennemis ; la haine contre Buonaparte pourrait nous porter aujourd'hui à une inclination diamétralement contraire. J'ai cherché un moyen terme. Retournant et paraphrasant cette vieille maxime : *Amicus Plato, magis amica veritas ;* je me suis dit : Le tyran corse n'a régné parmi nous que par l'imposture, que par de lâches dissimulations qui lui tenaient lieu de politique ; cependant il pourrait n'avoir pas toujours menti.

J'avoue, au surplus, que j'ai trouvé bien peu d'occasions de donner aux bulletins de Buonaparte l'avantage sur les rapports en général simples et modestes des alliés.

Il est peut-être un seul fait important sur lequel on trouve, entre les récits des deux partis, une opposition difficile à éclaircir ; c'est la retraite du maréchal Ney à Smolensk. Suivant un rapport du prince Koutousoff, adressé à l'Empereur Alexandre, le maréchal Ney *aurait mis bas les armes à Smolensk avec tout son corps d'armée*, et ne se serait sauvé de sa personne que par une sorte de miracle. Voici l'extrait de ce rapport ; je le puise dans la campagne de *Moscou*, par M. Durdent, excellent ouvrage que je citerai plus d'une fois :

« Pour obtenir une victoire certaine sur le maréchal Ney, et couper entièrement sa communication avec le reste de l'armée, je renforçai le général Miloradowitz, du 8e corps, lui donnant ordre d'empêcher que le maréchal n'avançât, et de prendre position près des villages de Syrohenie et Tcherniska ; le major-général Louskourki aperçut, vers trois heures après-midi, les ennemis qui s'avançaient ; l'épaisseur du brouillard l'empêcha de connaître leur nombre, et ils marchèrent en avant jusqu'à ce qu'ils fussent près de nos batteries. L'ennemi tenta vainement de percer nos lignes, et reçut, à la distance de deux cents quarante pas, une décharge générale de mousqueterie et de quarante pièces de canon. L'effet de ce feu lui fut très-fatal. Voyant qu'il n'avait aucun espoir de s'échapper, il envoya enfin un *drapeau parlementaire* au général Miloradowitz.

« A minuit, tout le corps de l'armée de l'ennemi, montant à douze mille hommes, fut obligé de mettre bas les armes ; toute l'artillerie, composée de vingt-sept pièces de canon, tout le bagage et la caisse militaire, furent les fruits de notre victoire. Au nombre des prisonniers sont environ cent officiers de divers rangs. Le maréchal Ney fut blessé ; mais il se sauva et fut poursuivi par les Cosaques au - delà du Dnieper. »

Le maréchal Ney a hautement démenti cette assertion. Il assure, au contraire, qu'il reçut lui-même un *parlementaire russe*, et qu'il l'emmena de force avec lui, apparemment pour ne point trahir le secret de sa fâcheuse position.

Le bulletin du Moniteur se jette dans un autre extrême, on y dit que le maréchal *repoussa constamment les Russes pendant la journée du 18*; qu'à la nuit, il fit un mouvement par le flanc droit, passa le Borysthène, *et déjoua tous les calculs de l'ennemi.*

La vérité perce dans le rapport même de Koutousoff. On n'y énonce point avec précision le nombre des prisonniers. Il paraît certain que le maréchal Ney se fit jour avec une portion quelconque de ses braves, et par cette temporisation, sauva l'armée et la personne même de Buonaparte. C'est à cette hypothèse que se range mon auteur allemand, et c'est elle que j'ai suivie dans mon texte.

La première partie de la campagne de Saxe pendant les mois de mai et de juin 1813, m'a paru plus

(v)

clairement expliquée dans le second ouvrage que j'ai traduit, que dans aucun autre mémoire que j'aie consulté. Rien de plus satisfaisant que le compte qu'on y rend des batailles de Lutzen, de Bautzen et de Würschen, et de tout ce qui a accompagné et suivi le fameux armistice du 5 juin.

La relation des évènemens de Leipsick, de ces combats que les tacticiens allemands appellent *vœlker schlacht*, *la bataille des nations*, m'a paru puisée à de bonnes sources, rédigée même avec impartialité ; et je n'ai fait presque aucun changement à l'original.

C'est encore dans des écrits publiés chez l'étranger que j'ai trouvé des documens jusqu'ici peu connus sur les combats qui ont précédé la prise de Paris. L'impossibilité absolue de défendre cette capitale, l'impossibilité plus évidente encore de retarder de quelques jours la catastrophe, après la manœuvre inconsidérée de Buonaparte sur Vitry et Saint-Dizier ; enfin, la justification sans réplique des généraux qui commandaient à la journée désastreuse du 25 près de Fère-Champenoise, l'explication toute naturelle des faits imprévus qui en ont été la suite immédiate ; tous ces objets ne me semblaient pas avoir été présentés d'une manière satisfaisante dans les brochures ou pamphlets qui ont paru jusqu'à ce jour.

Je terminerai mon travail par une pièce que l'on ne trouvera pas peu curieuse, le Mandement donné par M. le vicaire-général *Arrighi*, quelques jours après le débarquement du nouveau souverain de l'*île d'Elbe*. Ces éloges de commande, et communiqués sans doute d'avance, *selon l'antique usage*, à celui qui en était l'objet, donneront aux yeux de la postérité la juste mesure d'un homme qui a eu la force de survivre, et à sa gloire (1) et à sa honte.

_____

(1) Je trouve dans un ouvrage anglais, non encore traduit, un exemple curieux du charlatanisme qu'employaient les émissaires de Buonaparte, pour préparer au loin des appuis à son ambition. M. Hobhouse, dans son *Voyage en Albanie, en Grèce et en Turquie*, rapporte qu'il existe parmi les Mainotes, peuplade de la Morée, une famille très-nombreuse, dont le nom grec, *Kalomeros*, signifie la même chose qu'en français, *bonne part*, ou en italien, *buona parte.* Une portion de ces *Kalomeros* émigra en Corse vers l'an 1676. N'avait-on pas persuadé, à ceux qui restent, que les *Buonaparte* d'Ajaccio sont issus de leurs ancêtres, et que si Napoléon réalisait un jour ses projets de conquérir la Grèce, leur famille occuperait le premier rang dans le pays ?.....

TABLE

DES CHAPITRES.

FIN DE LA TABLE DES CHAPITRES.

CAMPAGNES DE BUONAPARTE,

EN 1812, 1813 ET 1814.

CHAPITRE PREMIER.

Coup-d'œil rapide sur les premières campagnes de Buonaparte, la guerre d'Espagne, etc.

En 1788 et 1789, on vit éclater en France un horrible incendie qui couvrit cette belle contrée de meurtres, de brigandages, et fit de jour en jour des progrès plus rapides. La fureur de cet incendie eut bientôt gagné les pays voisins de la France. L'Allemagne, l'Italie, la Suisse, les Provinces-Unies en ressentirent les épouvantables effets. Dans ces dernières années, la contagion pénétra dans des régions encore plus éloignées. L'Espagne et le Portugal furent exposés aux plus cruels ravages ; la

Pologne et la Russie n'en furent point elles-mêmes exemptes. On vit enfin des royaumes, tels que la Suède, la Norwège, l'Angleterre, que leur situation isolée au-delà de la mer semblait garantir d'évènemens aussi funestes, souffrir, presque au même degré, de l'interruption du commerce et des progrès toujours croissans du fléau de la guerre. Quelles étaient donc les causes de tant de calamités ?

Depuis environ un siècle, on avait vu s'élever en France une secte d'hommes impies et dépravés, qui se jouaient de toutes les institutions divines et humaines les plus respectables, qui proclamaient la religion chrétienne et toute espèce de culte comme des cérémonies insignifiantes, qui rejetaient les monumens les plus authentiques de la révélation. Selon ces nouveaux Epicuriens, il n'y avait rien de certain que les jouissances de cette vie, après laquelle l'homme n'était plus que cendre et poussière. L'existence de Dieu, l'immortalité de l'ame, les châtimens ou les récompenses de la vie à venir, n'étaient à leur gré que des chimères absurdes.

Les visions pernicieuses de ces hommes corrompus se propagèrent rapidement dans tous les pays ; mais ce fut en France que ces théories, réduites en pratique, amenèrent les plus affreux malheurs. Le gouvernement légitime fut renversé par des factieux. Un roi, dont tout le crime était d'être le plus humain, le meilleur des princes, fut livré aux bourreaux ; et de soi-disant républicains essayèrent successivement cinq ou six espèces de constitutions, sans pouvoir se fixer à aucune.

Il y avait déjà huit ans que ce délire régnait en France, et quatre que durait la guerre de la nouvelle république contre ses voisins, lorsque parut un homme qui était destiné à mettre le comble à tant d'excès, un homme que quelques succès glorieux avaient mis à portée de tout pacifier, qui aurait pu devenir le Monck de la France et le consolateur de l'Europe, mais qu'une ambition démesurée et la manie de devenir le fondateur d'une dynastie nouvelle, rendirent le fléau du monde entier : cet homme fut *Napoléon,* ou plutôt *Napolione* (1) *Buonaparte.*

------

(1) Il est contraire à l'étymologie, et encore plus à l'analogie, de rendre le nom italien *Napolione,* ou le mot grec latinisé *Neapolio,* par Napoléon. Nous avons bien fait *lion* de *leo,* mais nous ne pourrions travestir *Clio* en *Cleo* ou *Cléon,* ni traduire par *Apolléon* le

Il était né dans l'île de Corse, sur les côtes de la Méditerranée, île dont les habitans étaient autrefois renommés par la férocité de leurs mœurs.

Buonaparte commença sa carrière militaire dans la révolution française, comme lieutenant d'artillerie. Il se fit bientôt remarquer par une activité prodigieuse, par son intelligence et sa bravoure. Il rachetait ces bonnes qualités par sa ruse, sa dissimulation, par son adresse à flatter, et en même-temps par une ambition excessive : il ne négligea aucun moyen pour parvenir au pouvoir. Disgracié à la suite de quelques démêlés violens avec les chefs de l'armée du Midi, il devint l'ami intime de Barras, de cet homme qui fut fameux dans un court intervalle de temps, et dut être étonné lui-même du pouvoir dont il jouit depuis 1795 jusqu'en 1799. Ce fut dans le même temps que Buonaparte donna la main à Joséphine Tascher de la Pagerie, veuve de M. le comte de Beauharnais. Ce mariage lui procura des relations parmi les personnages influens à cette époque. On crut devoir récompenser le zèle avec le-

____

fameux *Apollyo* de l'Apocalypse, dont le nom, en grec

quel Buonaparte avait fait mitrailler, sur les degrés de l'église Saint-Roch, des citoyens de Paris, insurgés contre la convention, et il obtint le commandement de l'armée d'Italie. On était alors au commencement de l'année 1796 : ce fut là le premier degré de la fortune de l'illustre aventurier.

Buonaparte profita habilement de la lenteur et de la désunion qui régnaient entre ses ennemis, les Autrichiens et les Sardes, qu'il avait à combattre. On prétend même qu'il eut recours à la corruption pour faire tomber tout-à-coup des obstacles qui auraient dû arrêter long-temps une armée encore plus forte que la sienne.

Le général de l'armée d'Italie fit preuve dès ce moment d'un talent particulier pour la rédaction des bulletins ou des rapports de ses opérations militaires. Ces récits ne se bornaient point, comme ceux des généraux qui commandaient sur le Rhin, à de sèches énumérations de faits et d'évènemens militaires : le style en était pompeux, recherché ; les commentaires qu'on en faisait dans les journaux de Paris excitaient encore plus l'admiration générale. Déjà l'on proclamait dans Buonaparte un homme extraordinaire, né pour les délices du genre humain. Des victoires où Buonaparte fut prodigue du sang de ses propres soldats, lui facilitèrent en peu de temps la conquête de toute l'Italie. Les armées que l'on recruta à la hâte pour les opposer à sa marche triomphante, furent successivement battues. Le vieux général Wurmser balança un moment sa fortune. Il chassa l'armée de Buonaparte du pays de Trente, qu'il venait d'occuper, et pénétra jusqu'à Mantoue ; mais n'ayant pas assez de forces pour profiter de ses premiers avantages, il fut réduit à s'enfermer dans la place. La chute de Mantoue, après une défense opiniâtre, mit le souverain de l'Autriche dans la situation la plus fâcheuse. Moreau venait de repasser le Rhin ; les Etats héréditaires étaient menacés de toutes parts ; une suspension d'armes fut conclue à Léoben, et, peu de temps après, la paix fut signée à Campo-Formio.

Il restait encore à prendre des arrangemens avec les princes de l'Empire, et, pour cet effet, on avait réuni un congrès à Rastadt. Le directoire craignait si peu le renouvellement de la guerre, qu'il détacha une partie de ses forces pour faire une expédition en Égypte.

Buonaparte mit à la voile, au printemps de 1798, avec une flotte superbe et une armée de quarante-cinq mille hommes d'élite. Pendant qu'il combattait en Egypte avec des succès variés, la guerre se ralluma en Europe. La campagne fut très-malheureuse pour les Français. Ils perdirent en peu de temps presque tout ce qu'ils avaient conquis. La mésintelligence qui éclata entre leurs ennemis sauva les républicains du mauvais pas où ils s'étaient engagés.

Au moment même où le général Masséna venait de faire éprouver à l'armée de Suwaroff un échec dont les Russes ne purent se relever; au moment même où le général Brune arrêtait en Hollande une expédition anglo-russe, commandée par le duc d'York, et forçait l'ennemi à se rembarquer en emmenant, pour unique trophée, la flotte hollandaise du Texel, Buonaparte, ayant tout-à-coup, dans l'automne de 1799, abandonné l'Egypte, débarqua en France, et résolut de se saisir du pouvoir au milieu du désordre qui désolait la république. Il remporta à Saint-Cloud, dans la fameuse journée du 18 brumaire, une victoire qui ne fut point disputée. Il se fit nommer l'un des *trois consuls* que les deux conseils élurent pour remplacer les membres du directoire, en leur conférant les mêmes attributions et les mêmes pouvoirs.

Ce n'était pas assez pour Buonaparte : son autorité, comme président, était nulle, si ses deux collègues, Sièyes et Roger-Ducos, se liguaient d'un commun accord contre lui; aussi manifesta-t-il bientôt des vues plus ambitieuses. Une constitution, rédigée par ses plus chauds adhérens, établit encore trois consuls, à la vérité; mais Buonaparte, sous le titre modeste de *premier consul*, exerçait en effet toute l'autorité souveraine. Les deux autres consuls avaient seulement voix consultative, et pourvu qu'il eût seulement rempli la formalité de prendre leur avis, Buonaparte avait droit de faire tout ce qu'il voulait. Ainsi, il lui manquait seulement le titre de *roi*, et il en avait toute la puissance.

Les orateurs salariés par Buonaparte faisaient encore retentir les grands mots de liberté, de justice, d'humanité et d'amour de la paix; mais d'année en année, il montra moins de réserve, moins de respect humain, et marcha plus directement à son but. Jamais peut-être on n'a vu un homme recourir si fréquemment à l'imposture, et se jouer sans pudeur de toute vertu, de toute vérité. Il s'entoura de quelques-uns des hommes pervers qui avaient joué dans la révolution les rôles les plus méprisables, et les associa à des hommes recommandables par leurs talens et leurs vertus ; mais ceux-ci, fortement enchaînés, ne pouvaient élever leur voix. Tout cédait à sa puissance colossale. Le prestige des succès militaires de Buonaparte séduisait le peuple, et l'on fermait les yeux sur les abus les plus intolérables.

Le règne de la terreur était ressuscité en France sous d'autres formes ; les prisons, les cachots regorgeaient d'innocentes victimes ; les exécutions à mort n'étaient peut-être pas aussi fréquentes que l'usurpateur aurait pu les ordonner ; mais de temps en temps, et sans doute afin de tenir les mécontens en haleine, on livrait quelques infortunés aux commissions militaires. C'était sur-tout aux époques du départ de Buonaparte, soit pour ses expéditions guerrières, soit pour ses voyages de simple représentation, et à son retour, que la plaine de Grenelle était ensanglantée. On pouvait prédire, sans se tromper, qu'à telle époque précise, un prétendu espion anglais, un embaucheur ou un conspirateur serait fusillé.

Mais ce n'était pas dans des massacres isolés que Buonaparte se montrait l'ennemi le plus furieux du genre humain ; c'était dans ces guerres impolitiques et ruineuses pour son pays même, dans ces efforts qu'il faisait pour asservir l'Europe entière à son absurde tyrannie. Grâce aux conquêtes faites par la république, lorsque son nom n'était pas encore connu, il disposait en souverain de la Hollande, des Pays-Bas et des contrées de la rive gauche du Rhin : il y avait joint par ses succès la plus grande partie de l'Italie. Disposant des ressources que lui offrait ce colosse de puissance, il y réunit les trésors de l'Espagne et du Portugal, en forçant ces royaumes à acheter chèrement leur neutralité, et ne garda plus de mesure.

Cependant le titre et l'autorité vraiment illimitée de premier consul ne suffisaient pas à son ambition ; il désira un titre plus pompeux, plus capable d'imposer au vulgaire. Son avènement à l'Empire fut marqué par des actes de cruauté, pour lesquels les partisans les plus opiniâtres de l'usurpateur ne sauraient trouver d'excuse valable. Il fit arrêter par des soldats en Allemagne, dans un pays ami, et au sein de la paix la plus profonde, un prince du sang royal, renommé par sa bravoure et ses qualités personnelles, l'infortuné duc

d'Enghien, le dernier rejeton du grand Condé
et d'une race de héros.

Dans ce même temps une conspiration fo-
mentée, qui pourrait le croire ? par les agens
mêmes de la police de Buonaparte, se tramait
à Paris. Un assez grand nombre d'anciens
chefs de chouans débarqués sur les côtes de
France, y étaient venus dans l'intention de
changer la forme du gouvernement, d'attaquer et d'enlever de vive-force la personne
du premier consul et de rétablir les Bourbons. Le but de Buonaparte et de ses affidés était d'attirer non-seulement ces hommes intrépides, mais Pichegru, mais quelques-uns des princes eux-mêmes, et d'exterminer d'un seul coup ces ennemis dangereux.
Une idée encore plus séduisante s'offrait à
leurs esprits : on soupçonnait que Pichegru
voudrait voir Moreau, qu'il chercherait à le
gagner ; et si Moreau, l'objet de la jalousie et
de la haine de Buonaparte, faisait la moindre
imprudence, s'il donnait seulement un prétexte, il était perdu. Moreau fut traduit devant des juges criminels ; quant à Pichegru,
on redouta sa fermeté ; on prévint les révélations qu'il aurait pu faire dans un débat public, en l'étranglant dans sa prison. Les juges

n'osèrent point porter contre Moreau une sentence capitale ; ils le condamnèrent à deux années de prison, et cette condamnation, mitigée, fut changée elle-même en un bannissement dans les États-Unis d'Amérique.

Tels furent les auspices sous lesquels Buonaparte se fit proclamer empereur des Français, et bientôt après roi d'Italie.

Les desseins ambitieux que l'usurpateur ne prenait plus la peine de déguiser, donnèrent l'alarme à l'Europe : l'armée innombrable qu'il formait et qu'il exerçait continuellement près des côtes de la Manche, sous prétexte d'une descente en Angleterre, à laquelle il ne pensa jamais sérieusement, n'annonçait que trop ses projets sur l'Allemagne. Il se forma contre lui, dans l'automne de 1805, une formidable coalition : l'Angleterre, la Russie, l'Autriche, la Suède et d'autres puissances parurent vouloir faire cause commune ; et la tyrannie de Buonaparte aurait eu bientôt un terme, si leurs forces eussent été réunies sous les ordres d'un même chef, et si leur alliance eût reposé sur des bases plus sincères.

La guerre eut pour les alliés les commencemens les plus fâcheux. Les princes de Ba-

vière, de Wurtemberg, de Bade, et l'archi-
chancelier de l'empire Germanique, le comte
de Dalberg, furent contraints d'abandonner
l'empereur d'Allemagne et de joindre leurs
troupes à celles des Français. L'Autriche essuya des revers, et fit une paix dans laquelle,
renonçant à l'empire d'Allemagne, elle abandonna le Tyrol, son rempart le plus solide,
et plusieurs autres principautés importantes.
L'Allemagne méridionale reçut, en tremblant,
la loi du vainqueur. La confédération du Rhin,
sous le protectorat de Buonaparte, fut le fruit
de son asservissement.

Ce n'était pas assez, pour le nouveau souverain de la France; il voulait encore s'agran-
dir dans le nord de l'Allemagne, et la guerre
fut déclarée à la Prusse. Ce royaume fut encore plus malheureux que ne l'avaient été les
Autrichiens l'année précédente, et les conditions de la paix de Tilsitt réduisirent presque
à rien la monarchie prussienne. La plupart
des princes de l'Allemagne septentrionale furent forcés de se joindre à la ligue impropre-
ment nommée *confédération du Rhin*, puis-
qu'elle s'étendait bien au-delà de ce fleuve ;
ils furent obligés d'adopter la loi affreuse de
la conscription, et de prodiguer à l'ennemi du

genre humain les trésors, le sang de leurs sujets déjà épuisés par tant de malheurs ; et celui qui était le seul artisan de tant de maux, de tant de vexations, se faisait arrogamment donner le titre de *pacificateur, de libérateur, de sauveur du continent.*

La fortune, qui avait conduit si haut Buonaparte, finit par l'aveugler. Immédiatement après la paix de Tilsitt, qui livrait toute l'Allemagne à sa disposition, il médita une entreprise odieuse, une machination infâme qui ne devait pas obtenir le même succès que ses autres attentats contre la sûreté des nations. Ce projet, impolitique et mal conçu, a, par degrés, amené sa ruine.

L'Espagne était gouvernée par un indigne favori, le prince de la Paix, qui régnait sous le nom d'un monarque affaibli par les années. Soit par trahison, soit par ineptie, le prince de la Paix livra successivement à Buonaparte les flottes, les armées, les trésors ; l'Espagne ne fut bientôt plus qu'une province de la France. Dans son insatiable soif de la domination, Buonaparte voulut subjuguer les Espagnes et faire courber sous le joug d'un honteux esclavage un peuple fier et généreux. Sous prétexte que les Anglais voulaient s'emparer du Portugal, il introduisit vers la fin de 1807 une armée française en Espagne, et, grâce à une odieuse surprise, s'empara des deux principales forteresses, Barcelone et Pampelune. En même temps ses agens s'agitaient au milieu de la nation ; ils semaient de tous côtés la défiance, les dissentions et la perfidie. Mais enfin l'indignation des Espagnols s'éveilla : le vieux roi Charles IV fut forcé d'abdiquer la couronne ; le prince de la Paix fut jeté dans les fers, et le fils aîné du roi, le prince des Asturies, occupa le trône sous le nom de Ferdinand VII. Ces derniers évènemens se passèrent au printemps de 1808.

Buonaparte ne s'était pas attendu à cette révolution subite ; il eut recours à une politique infernale, et montra pour le jeune roi d'Espagne les meilleures dispositions. Il l'invita à venir au-devant de lui sur les frontières de France, afin de régler et de pacifier ces querelles de famille. Le voyage de Buonaparte ne pouvait guère donner d'ombrage, attendu qu'il avait prétexté une tournée en Italie, et avait annoncé qu'il visiterait, en passant, sa bonne ville de Bordeaux. Ferdinand VII se rendit donc sans défiance à l'invitation de l'empereur. A peine avait-il touché les frontières, qu'il fut entouré par des soldats français et conduit de force à Bayonne, où Buonaparte était déjà arrivé.

Dès-lors le prince des Asturies, ou plutôt le roi Ferdinand, car l'abdication de son père rendait son droit légitime, fut traité comme un prisonnier. Selon les rapports mensongers qui furent publiés dans les journaux, Buonaparte aurait laissé à Ferdinand VII le choix d'une pension pour céder ses droits à la couronne, ou de retourner en Espagne, de se mettre à la tête des insurgés et de tenter le sort des armes. Est-il vraisemblable qu'on lui ait laissé une pareille liberté? Le récit de M. Cevallos ne dit rien de pareil, et il porte bien tous les caractères de la vérité.

Quoi qu'il en soit, les autres personnages de la famille royale ne furent pas mieux traités, et reconnurent trop tard qu'on les avait pris pour dupes. Le roi et la reine, l'infant don Carlos, et le prince de la Paix furent également retenus captifs. L'abdication de Charles IV fut déclarée nulle; Ferdinand VII fut contraint de renoncer au trône, et l'on eut l'impudeur de prétendre que le roi et la reine applaudirent à cet avilissement de leur famille. On les conduisit, sous bonne et sûre garde, dans l'intérieur de la France. Ferdinand VII fut mis en surveillance à Valençay, près de Bourges; Charles IV et sa femme demeurèrent quelque temps à Compiègne, d'où ils partirent pour Nice, et ensuite pour Rome. Ils furent, pendant leur captivité, abreuvés d'indignes traitemens: la reine d'Etrurie éprouva des malheurs encore plus amers; elle eut la douleur de voir jeter dans les cachots et livrer à une commission militaire des officiers de sa maison, dont le crime, à ce qu'il paraît, était d'avoir cherché à louer un bâtiment sur lequel l'infortunée princesse devait fuir avec son fils un sol inhospitalier (1).

La couronne d'Espagne fut mise, par Buonaparte, sur la tête de son frère Joseph, qu'il avait fait roi de Naples quelque temps auparavant, et qui céda son royaume au général Murat. Ce Joseph était destiné à perdre suc-

---

(1) Un des accusés fut exécuté à la plaine de Grenelle. M. Ferdinand della Tosa fut seulement conduit jusqu'au lieu du supplice. Là un page, aposté d'avance, feignit d'arriver tout-à-coup au galop, et apporta des lettres de grâces. La multitude fut séduite par ce coup de théâtre, et fondit en larmes; mais la santé de M. della Tosa en éprouva une secousse violente, et quelques personnes m'ont assuré qu'il y avait succombé.

cessivement trois royaumes ; car c'est lui qui était revêtu à Paris, au 3o mars, de toute l'autorité de Buonaparte.

Pour donner à cette odieuse usurpation quelque apparence de légalité, l'on avait convoqué à Bayonne une prétendue junte formée de plusieurs Espagnols distingués, il est vrai, par leur naissance ou leur fortune ; mais sans caractère et sans mission pour consacrer un acte aussi important qu'un changement de dynastie. On s'était flatté que ce simulacre de représentation nationale satisferait les peuples ; il n'en fut pas ainsi.

La nouvelle des évènemens de Bayonne excita dans l'Espagne une fermentation universelle. Madrid donna l'exemple. Au mois de mai la population entière prit les armes. Le général Murat, grand duc de Berg (il n'était pas encore roi de Naples), fut obligé de sortir de la ville. Peu de temps après, la flotte française de Cadix fut réduite à se rendre. Le général Dupont, qui avait pénétré jusque dans les environs de Cordoue et fait des prodiges de valeur, fut obligé de capituler avec les vingt-cinq mille hommes qu'il commandait. Les troupes qui le cernaient étaient plus que quadruples. La capitulation qu'il signa était si

glorieuse, que les Espagnols ne voulurent pas
l'exécuter.

Les Espagnols, privés de leur roi, se donnèrent un gouvernement provisoire qui poussa
la guerre à outrance contre Buonaparte, et
contracta une alliance étroite avec l'Angleterre. Le Portugal fut bientôt délivré par une
armée anglaise ; elle avait pour chef un jeune
guerrier qui avait puisé en France ses premières leçons de l'art militaire, sir Arthur
Wellesley, qui devint bientôt si célèbre sous
le nom de lord Wellington. Une autre armée
anglaise, commandée par le général Moore,
débarqua à la Corogne, et suspendit les progrès de Buonaparte, qui, sur ces entrefaites,
avait réuni une armée formidable, remporté
de grands succès, et pénétré jusqu'à Madrid.
L'intrépide général Moore se sacrifia pour
sauver le midi de l'Espagne ; tandis que, dans
sa retraite habile, il attirait sur ses pas les principales forces des Français, les insurgés se
ralliaient près de Séville, de Cordoue et de
Sarragosse.

Cependant Buonaparte avait installé son
frère Joseph à Madrid ; il n'y fit pas lui-même
un long séjour, et repartit bientôt pour la
France.

Plus d'un motif le forçait de quitter l'Espagne : d'un côté, il devait craindre la fureur d'un peuple irrité ; de l'autre, la maison d'Autriche croyait trouver une occasion propice pour réparer ses pertes de 1805, ses préparatifs se poussaient avec activité. Les milices nationales ou *landwehr* se formaient de toutes parts. Au printemps de l'année 1809 la guerre éclata entre la France et l'Autriche ; cette fois Buonaparte acheta plus cher ses succès. Il ne vit pas, comme en 1805, l'armée autrichienne, sans bataille, et par un évènement inexplicable, déposer les armes et se rendre prisonnière tout à-la-fois. Vienne fut prise à la suite des sanglantes affaires de Ratisbonne : maîtresse des passages de l'Inn et de l'Ems, l'armée française suivit la rive droite du Danube, parvint à la capitale avant l'archiduc, obligé de suivre une route difficile du côté de la Bohême. La bataille d'Esslingen, où fut tué le maréchal Lannes, faillit être le terme de la carrière de Buonaparte. Après avoir passé le Danube sur des pontons jetés à la hâte, et vu reculer devant lui les Autrichiens sur l'autre rive, il poussa témérairement ses succès. L'archiduc Charles profitant d'une crue du Danube, fit descendre des bateaux chargés de pierres; leur choc détruisit le principal pont de bois communiquant entre l'île de Lobau et la rive droite; mais le pont de la rive gauche demeura intact, et Buonaparte put se retirer dans l'île avec presque toute son armée.

Peu de temps après, la bataille de Wagram, où Buonaparte, suivant sa coutume, paya la victoire par le sacrifice de l'élite de ses troupes et d'excellens généraux (entr'autres le général de cavalerie Lasalle), mit les Français en possession de tout le pays entre Vienne et la Bohême. L'armistice de Znaïm fut conclu, et après de longues négociations, la paix fut enfin signée.

« Nous ne saurions, dit un écrivain alle-
« mand, ressentir trop de douleur en son-
« geant à cette funeste campagne; on y vit
« des Allemands marcher contre l'Autriche,
« et servir à opprimer l'honneur et la liberté
« de leur patrie. Cent mille Bavarois, Wur-
« tembergeois , Saxons , etc. , combattirent
« sous les drapeaux de Buonaparte. On avait
« même soin de les placer toujours en avant,
« afin qu'ils épuisassent le feu de l'ennemi et
« servissent de remparts aux Français (1). »

---

(1) Le général wurtembourgeois Franquemont repré-

La guerre cependant se continuait en Espagne avec une fureur toujours croissante. Les Français s'étaient emparés de quelques forteresses, mais les braves espagnols ne voulaient point céder à leur oppresseur. Lorsque Buonaparte eut terminé la guerre d'Autriche, avec plus de promptitude et de bonheur qu'il n'aurait osé l'espérer, il envoya en Espagne de nouvelles forces, et fit attaquer Cadix avec vigueur. Quoique l'on ne pût assiéger une ville située sur une langue de terre, on était cependant parvenu à y jetter des bombes.

Il y avait en Espagne des hommes intrépides qui se signalèrent dans cette occasion. Palafox défendit Sarragosse, la capitale de l'Arragon, avec une opiniâtreté digne des temps anciens. Enfin, il fut obligé de livrer une ville presque réduite en cendres, se rendit prisonnier, et mourut dans les fers.

La guerre d'Espagne se fit d'abord d'une manière toute particulière ; les Espagnols

sentait au général Delort que ses troupes étaient toujours au premier feu ; qu'elles marchaient à une boucherie inévitable. « Cela doit être ainsi, lui répondit-on ; il faut que vous mourriez aujourd'hui, car vous seriez demain contre nous. » *(Note du Traducteur.)*

n'étaient ni disciplinés ni exercés, mais ils étaient terribles dans les escarmouches, dans les surprises et dans ce qu'on appelle la guerre de partis. Il y avait, dans presque toutes les provinces, des chefs indépendans qui conduisaient de cinq cents jusqu'à cinq et dix mille hommes. Inquiéter nuit et jour l'ennemi, faire de hardis coups de mains et des surprises, intercepter les courriers, les espions, les éclaireurs, les convois; disparaître si l'on n'était pas en force, et reparaître ensuite au moment où l'ennemi s'y attendait le moins, telle était cette tactique nouvelle inspirée par le désespoir.

Personne ne doute que si Buonaparte, au lieu de recourir à l'infâme intrigue de Bayonne, eût attaqué à force ouverte le prince Ferdinand, il ne l'eût écrasé en peu de jours, et ne se fût rendu maître de l'Espagne entière avant que les Anglais pussent la secourir. Mais une conduite si criminelle excitait l'indignation des Français eux-mêmes. On vit en Portugal un capitaine de dragons français, nommé Argentou, tramer avec quelques autres officiers un complot pour sauver l'armée que les Anglais menaçaient alors d'une destruction prochaine, exciter en France une révolution et réplacer les Bourbons sur le trône. Un évènement fortuit fit connaître au maréchal *** ces audacieux projets. Argentou fut arrêté et mis sous la garde de gendarmes qui le conduisaient pendant la retraite de l'armée, jusqu'à ce que l'on eût reçu des ordres de Paris. Argentou, pendant une halte, s'empara un jour du cheval d'un de ses gardiens, piqua des deux, s'enfuit en bravant plusieurs coups de fusil, et joignit l'armée anglaise. Il était pour jamais hors du pouvoir de Buonaparte, s'il n'eût pris la folle résolution de repasser en France; il fut arrêté sur les côtes, mené à Paris, et fusillé dans la plaine de Grenelle.

Le procès de ce capitaine, où ne furent admis qu'un petit nombre de spectateurs, prouva, par toutes les pièces de la procédure, combien était grand le mécontentement dans les armées françaises, et particulièrement dans celle de Portugal (1).

---

(1) M. Argentou allégua devant la commission militaire, pour se justifier, qu'un des généraux français, qu'il nomma, avait eu dessein de se faire proclamer *roi de Portugal*. Il eut pour défenseur M. Falconet, célèbre avocat, non moins distingué par ses talens que par son courage. Son plaidoyer exciterait peut-être un grand intérêt, s'il était imprimé. *(Note du Traducteur.)*

Les *guerillas,* ainsi s'appelaient les bandes des insurgés espagnols, ne laissaient point de repos à l'ennemi. Les partis isolés étaient partout et nulle part. Buonaparte ne cessait d'entretenir les Français, abusés, du récit de grandes victoires, de la prise de forteresses importantes, de la destruction d'armées entières.

Cependant l'Espagne était pour les Français l'antre du lion. Les multitudes armées qui y affluaient étaient bientôt dévorées, soit par l'influence pernicieuse du climat, soit dans les batailles rangées, soit dans les escarmouches, soit par les massacres des hommes isolés. Des régimens français, allemands, italiens, de deux mille à deux mille cinq cents hommes, furent souvent réduits à cent cinquante, à soixante et même à vingt-cinq soldats. Les officiers supérieurs, les maréchaux eux-mêmes n'étaient point à l'abri des maladies qui attaquaient les troupes.

CHAPITRE II.

Etat de l'Allemagne sous le PROTECTORAT *tyrannique de Napoléon*

Les Allemands étaient cruellement punis de leurs divisions et de leur asservissement aux lois d'un étranger. Toutes sortes de vexations et d'actes arbitraires désolaient leur malheureux pays. Il n'y avait plus de propriétés à l'abri du pillage, plus d'innocens à qui la liberté ne pût être ravie.

En 1806, un infortuné libraire de Nuremberg, M. Palm, fut arrêté et fusillé pour avoir vendu quelques brochurés où l'on dévoilait la tyrannie de Buonaparte. En 1807, plusieurs officiers et employés prussiens qui n'avaient pu se résoudre à oublier entièrement leur patrie, subirent le même sort. En 1809, Marbourg, Baireuth, Wesel virent couler le sang de leurs habitans égorgés par celui qui s'était fait le bourreau des Français eux-mêmes. Pendant la guerre contre l'Autriche, Schild, brave colonel prussien, qui s'était, dans la campagne précédente, distingué par son humanité envers les Français, et avait renvoyé plusieurs de leurs officiers sous leur parole d'honneur, fit une tentative hardie dont le succès aurait pu contraindre la Prusse à sortir de sa neutralité. Il se mit à la tête d'un corps de partisans, traversa une partie de la Westphalie, qui était au pouvoir des troupes françaises, et pénétra jusqu'à Stralsund. Vingt-quatre heures plus tard il s'y fortifiait et était bientôt secondé par l'insurrection générale du nord de l'Allemagne, mais les Français n'avaient pas déployé moins d'activité et de vigueur. Il fut atteint par des forces supérieures, et périt l'épée à la main. Plusieurs de ses officiers se rendirent prisonniers ; on les traita comme de vils brigands. Douze d'entr'eux furent fusillés à Wesel, et les autres furent condamnés à l'ignominie des galères !

Une des fautes les plus graves de Buonaparte en imposant par la paix de Presbourg des conditions si dures à l'Autriche, avait été de lui enlever le Tyrol. Cette contrée est si essentielle à la sûreté de cette puissance, qu'autant vaudrait obliger les Anglais à céder l'Ecosse et les Français la Franche-Comté. L'Autriche ne pouvait donc traiter sincèrement de

la paix à une pareille condition : elle ne pouvait conclure qu'une trève momentanée, en
attendant des conjonctures plus propices.

Les braves Tyroliens, dans leur attachement
pour la monarchie autrichienne, n'entrèrent
qu'à regret sous la domination bavaroise. Pendant la campagne de 1809, ils secouèrent le
joug, et expulsèrent les garnisons françaises.
Ils avaient à leur tête un héros, André Hofer,
un simple aubergiste. Hofer était terrible dans
les combats, mais clément après la victoire : il
resta maître du Tyrol jusqu'à la paix ; l'Autriche
fut donc obligée de faire de nouveau le sacrifice de cette importante possession. Les Tyroliens refusèrent de se rendre, et continuèrent
de combattre. Ils furent accablés par le nombre ; tous ceux que l'on saisit furent jetés dans
les cachots, fusillés ou pendus par centaines.
Hofer fut enfin livré par trahison. Buonaparte
n'osa pas le faire périr sur le théâtre même
de ses exploits, de peur que son supplice
n'excitât de nouveaux soulèvemens. Le malheureux Hofer fut enfermé pendant quelque
temps dans la forteresse de Mantoue, traduit
devant une commission militaire, et par conséquent fusillé. Il mourut en héros comme il
avait vécu. Toute l'Allemagne versa des lar-

mes stériles sur le sort funeste d'un si brave homme.

Buonaparte remplit les pays conquis en Allemagne d'agens de police et de préposés qui ne s'occupaient pas avec moins d'activité de leurs propres intérêts que de ceux de leurs maîtres. C'était par-tout un vaste système de déprédation, et les honnêtes Français, que leurs emplois obligeaient à servir d'instrumens à de telles atrocités, étaient les premiers à en gémir.

Les princes d'Allemagne n'étaient plus souverains que de nom. Il faisait arrêter, juger et exécuter leurs sujets, sans daigner les en instruire. Il occupait à l'improviste leurs places fortes et leurs capitales; disposait de portions importantes de leurs territoires ou de leurs domaines, pour fonder des dotations (1). Ses armées étaient nourries et entretenues sur ce sol étranger. Buonaparte éludait les conditions les plus solennellement stipulées dans les traités de paix; refusait de faire rentrer ses troupes

---

(1) On sait que ces dotations, en Westphalie, en Illyrie, etc., étaient souvent illusoires, et ne servaient qu'à attirer à leurs titulaires d'interminables procès.

(Note du Traducteur.)

dans l'intérieur de son Empire, alléguant pour cela des *motifs d'économie*. Ce sont les expressions dont se servirent plusieurs fois ses diplomates, et que l'on retrouve dans les pièces qui furent à diverses époques communiquées au sénat.

Comment ne prévoyait-il pas qu'il porterait un jour au comble la haine des nations, et que les rivalités, les dissentions particulières qui pouvaient exister entre plusieurs princes, s'éteindraient enfin devant la nécessité de résister à l'ennemi commun ?

Telle fut la déplorable situation de l'Allemagne en 1808, 1809, 1810 et 1811. Raffinant chaque jour dans ses vexations, Buonaparte finit par s'emparer de tout ce qu'il appelait *propriétés anglaises*, c'est-à-dire de tout ce que l'on trouva dans les magasins de denrées coloniales et de marchandises provenant des fabriques de l'Angleterre. On livra publiquement aux flammes ces objets précieux ! Et il prétendait ainsi nuire au commerce de l'Angleterre ! C'était au contraire le servir, c'était acquérir un titre de plus aux honneurs de cette statue qu'un membre du parlement britannique proposait dernièrement d'ériger à Buonaparte. Homme insensé et impitoyable !

ces objets précieux, dont tu prenais plaisir à dépouiller les Allemands et tes propres sujets, avaient été payés! Les fabricans anglais n'y perdaient rien, ou tout au plus ils couraient le risque d'être compromis dans les banqueroutes de leurs correspondans! Mais la France ne souffrit-elle pas elle-même de ces faillites que l'on vit s'accroître tout-à-coup dans une progression sans exemple? Les abominables et absurdes décrets de Berlin et de Milan firent-ils fleurir le commerce français? Ils en précipitèrent au contraire la ruine. Les ateliers devinrent déserts; et si le commerce anglais éprouva une gêne momentanée, il prit un degré de prospérité qu'il n'avait eu à aucune époque.

Je le répète, les sages règlemens de la reine Elisabeth, l'acte de navigation de Cromwell, la conquête des Indes, le détrônement de Tippou-Saëb, et l'admirable politique de l'immortel Pitt, n'ont pas été aussi utiles à la marine et au commerce des anglais, que ne l'a été la démence de l'administration de Buonaparte.

CHAPITRE III.

Guerre de Russie en 1812.

Tous les regards se portaient vers la Russie, et l'on voyait dans l'empereur Alexandre le libérateur du continent. Depuis 1810 et 1811 les maux étaient au comble. Les Français affermissaient chaque jour leur puissance en Allemagne. Maîtres des forteresses prussiennes de l'Oder et de la ville de Dantzick, ils en portaient les garnisons à un nombre qui excédait de beaucoup celui fixé dans les conventions extorquées à la Prusse. Les princes de la confédération du Rhin étaient requis de fournir leur contingent de guerre. La Russie alarmée fit des préparatifs ; elle forma, au commencement de 1811, un cordon sur les frontières du duché de Varsovie, et l'on a appris depuis, par des pièces officielles, que toute cette année se passa en négociations.

Au commencement de 1812, les Français et leurs alliés se rapprochèrent de l'Oder et de la Vistule : la Prusse, pour n'être point traitée en pays conquis, fut réduite à faire alliance avec Buonaparte. L'empereur d'Autriche, qui s'était flatté d'assurer le repos de l'Europe, en consentant à donner la main de sa fille à un heureux aventurier, reconnut combien ses espérances avaient été peu fondées. Il sacrifia aussi à la nécessité. Buonaparte, maître de la Saxe et presque de la Silésie, pouvait fondre inopinément sur la Bohême, avant que l'armée autrichienne, établie sur le *pied de paix*, et disséminée dans ses quartiers, pût opposer la moindre résistance ; et telle est la situation géographique des possessions autrichiennes, que la perte de la Bohême eût été irréparable, qu'elle eût infailliblement entraîné celle de la monarchie (1). L'empereur François II consentit donc à fournir à son gendre un contingent de troupes. Le cabinet autrichien prit en cela un sage parti. Si

---

(1) Dans ses deux campagnes de Vienne, Buonaparte se rendit maître seulement de la vallée du Danube, sans entamer sensiblement, soit la Hongrie, soit la Bohême. Jamais il n'a conquis que *des grandes routes*. Le moindre revers de fortune le perdait, parce que les insurgés du Tyrol, d'un côté, et les Prussiens, de l'autre, lui fermaient toute retraite sur l'Italie, la Souabe et sur le Rhin. *(Note du Traducteur.)*

3

Buonaparte était vainqueur, on obtenait pour l'Autriche de précieuses compensations, peut-être la restitution du Tyrol et des provinces Illyriennes. S'il était vaincu, comme tout semblait le présager, si sa manie de *pousser des pointes* le perdait lui et son armée au milieu d'un pays sauvage, une pareille catastrophe faisait nécessairement naître en Allemagne un nouvel ordre de choses.

Dans les premiers jours de juin, plus de trois cent cinquante mille hommes s'étaient déjà rassemblés sur la Vistule. De nombreux corps de troupes, des convois d'armes et de munitions étaient en route pour les rejoindre. Enfin, après s'être fait long-temps attendre, Buonaparte arriva en Allemagne, passa plusieurs jours à Dresde avec l'empereur d'Autriche, son beau-père, le roi de Prusse et d'autres princes. L'archiduchesse Marie - Louise, qui l'avait accompagné dans ce voyage, se rendit à Prague, où elle passa quelques jours au sein de sa famille. Quant à Buonaparte, il entra bientôt en Pologne.

Quel pouvait être le but de cette guerre impolitique? D'un côté, Buonaparte était entraîné par une soif inextinguible du sang humain, par son impatience du repos ; de l'autre, il voulait venger et faire oublier, s'il était possible, ses revers en Espagne. Quelques-uns disent qu'il se proposait d'abandonner tout-à-fait l'Espagne, de placer son frère Joseph sur le trône de Pologne, et de s'arranger ensuite comme il pourrait avec l'Angleterre. Cette version ne s'accorde pas beaucoup avec une proclamation que Buonaparte fit aux Polonais en juin 1812, et dont il circula dans Paris nombre de copies manuscrites. Cette proclamation a été presque aussitôt dénoncée dans les journaux français comme apocryphe; mais quelques personnes assurent qu'elle avait tous les caractères de l'authenticité. En voici le texte :

« Polonais ! je viens pour vous donner un « roi et pour étendre vos frontières. Votre « royaume sera plus considérable qu'il ne l'é-« tait sous Stanislas. Le grand-duc de Wurtz-« bourg (1) sera votre roi, etc. »

Dans une autre proclamation adressée à son armée, le moderne Nabuchodonosor s'exprimait en ces termes :

« Je me vois de nouveau dans la *nécessité*

---

(1) L'ancien grand-duc de Toscane.

« de faire la guerre contre le Nord. Soldats!
« je vais la faire aux Russes. Au commence-
« ment de *juillet* nous serons à Saint-Péters-
« bourg. Je punirai l'empereur Alexandre et
« j'établirai une *barrière* contre lui par la Po-
« logne, afin que le cabinet de Pétersbourg
« ne *nuise plus* au continent. »

Dans le même temps un article semi-officiel
de la gazette de Varsovie, parlait des évènemens futurs avec toute la confiance présomp-
tueuse du succès. Il y était question de rendre
à la Prusse des possessions équivalentes de
celles qu'elle avait perdues, et de créer son
souverain EMPEREUR DU NORD.

Toutes ces assurances trompeuses avaient
sur-tout pour objet d'enflammer les Polonais
et de les exciter contre les *Moscovites* : c'est
le nom qu'ils s'obstinent à donner aux Russes.
Une diète s'assembla à Varsovie, et *décréta* le
rétablissement du royaume de Pologne, sans
qu'il fût encore question du roi qu'on devait
se donner. C'était aux évènemens seuls de la
campagne à décider cette bizarre élection.

L'armée de Buonaparte était, par le nombre
des hommes, des chevaux et de l'artillerie, la
bravoure et la discipline des soldats, l'immen-

sité des magasins et les ressources de tout genre, la plus belle qu'on eût vue en Europe depuis des siècles. Il y avait, en cavaliers seulement, plus de soixante mille hommes. Un relevé exact trouvé après l'évacuation de Moscou, dans les papiers de l'état-major général français, portait les forces effectives à cinq cent soixante quinze mille hommes, emmenant avec eux onze cent quatre-vingt-quatorze pièces de canon.

A voir cette armée, on eût cru qu'elle allait faire la conquête du monde entier. Les Russes, fort inférieurs en nombre, ne voulurent point hasarder de bataille générale. Ils se retirèrent pas à pas jusqu'aux rives du Dnieper, qui faisait autrefois les frontières de l'empire de Russie; mais les habitans brûlaient d'une ardeur incroyable; ils savaient avec quelle insolence, avec quel mépris Buonaparte et les écrivains à ses gages ne cessaient de parler de ce pays et de ses soldats.

Dès que les hostilités eurent commencé, l'empereur Alexandre donna de son camp de Polocz sur la Dwina, une proclamation à ses peuples. Il y rappelait le dessein que Buonaparte annonçait hautement de subjuguer leur patrie et de l'asservir à sa dévorante ambition.

Il exhortait l'armée à ne point s'effrayer du nombre, à prendre confiance en Dieu et en la justice de la cause, et promettait que l'ennemi serait bientôt puni de sa folle présomption.

Peu de jours après l'empereur Alexandre partit pour Moscou, et excita cette grande capitale à donner l'exemple du dévouement. Il parcourut de même d'autres provinces, et enflamma de toutes parts le courage des habitans et des troupes.

Dès le milieu de juillet, toutes les provinces méridionales et septentrionales de la Russie offraient un concours unanime d'amour de la patrie, de dévouement et d'ardeur guerrière. Dans toutes les villes, dans tous les villages, que dis-je? dans chaque maison, tous les hommes en état de porter les armes s'offraient volontairement, et brûlaient de répandre leur sang pour la patrie. Ces hommes que Buonaparte se plaisait à faire peindre dans des journaux, dans des libelles comme des êtres apathiques, insoucians, nés pour la servitude, et glacés par le climat, déployaient une activité sans exemple. Les routes étaient couvertes de soldats et de miliciens de la landwebr. Dans les grandes villes, les nobles et les riches déposaient les offrandes en or, argent, armes et vêtemens militaires ; ils envoyaient à l'armée leurs vassaux, principale richesse des seigneurs russes, qui comptent leur fortune par têtes de paysans. Les personnes de tout état, de tout âge, de tout sexe, étaient animées d'un même esprit. On vit de belles dames distribuer quelques roubles à de nouveaux enrôlés, les embrasser les larmes aux yeux, et leur recommander la défense de la patrie. De timides demoiselles montaient sans répugnance dans les charriots où l'on transportait les blessés, et leur prodiguaient des secours et des consolations. Enfin, les grandes routes étaient couvertes de voitures, d'équipages magnifiques, comme s'il eût été question de fêtes, et non pas de la guerre, cet épouvantable fléau de l'humanité.

Moscou et Saint-Pétersbourg, que l'on peut regarder comme les deux capitales de cet immense Empire, fournirent plusieurs milliers d'hommes tout armés et équipés. Plusieurs princes levèrent à leurs frais des régimens. Mais ce n'était pas assez de ces moyens humains ; on invoquait par-tout la Divinité avec ferveur. Tel était le peuple, tel était l'Empire que Buonaparte voulait en quelque sorte étonner par un coup de main, et réduire aux abois dans une seule campagne ; car il devait prévoir qu'il ne pourrait faire la guerre au-delà du mois de novembre.

Soyons justes néanmoins, et convenons que, selon quelques personnes, le plan primitif de Buonaparte n'était pas d'aller jusqu'à Moscou. Il voulait seulement pénétrer jusqu'à Riga, terminer la campagne, et peut-être la guerre elle-même, par la réduction de cette place importante. Ce dessein fut déjoué, dit-on, par les retranchemens formidables que les Russes élevèrent sur la partie basse du cours de la Dwina, et particulièrement à Drissa et Dunebourg. L'impossibilité d'attaquer ces positions de vive-force le détermina à faire un mouvement de flanc sur Wilna et sur Smolensk. Les Russes suivirent la direction de ses forces principales, et abandonnèrent leur position première. Un des corps de l'armée française s'empara quelques jours après, sans coup-férir, de Drissa et Dunebourg, et arriva même devant Riga ; mais ce corps n'était pas assez nombreux pour rien exécuter d'important. Cette manœuvre n'avait plus d'autre effet que d'empêcher les Russes et les Suédois, qu'on attendait dans la Courlande, de tourner la grande armée par son flanc gauche.

La marche de Buonaparte sur Moscou n'é-
tait donc qu'un coup de désespoir. Buonaparte
ne voulait pas avoir en vain déployé de si
grands efforts et soulevé la Pologne. Que ne
trouva-t-il parmi ses conseillers un homme
aussi hardi, aussi franc que le grand-maréchal-
des-logis de Charles XII (1) ?

---

(1) « Les Suédois, dit Voltaire *(Vie de Charles XII)*,
« ne savaient point encore où le roi voulait les mener :
« on se doutait seulement dans l'armée que Charles
« pourrait aller à Moscou. Il ordonna, quelques jours
« avant son départ, à son grand-maréchal-des-logis, de
« lui donner par écrit la route depuis Leipsick........ Il
« s'arrêta un moment à ce mot ; et, de peur que le
« maréchal-des-logis ne pût deviner rien de ses projets,
« il ajouta en riant : *Jusqu'à toutes les capitales de*
« *l'Europe.* Le maréchal lui apporta une liste de toutes
« ces routes, à la tête desquelles il avait affecté de mettre
« en grosses lettres : ROUTE DE LEIPSICK à STOCK-
« HOLM...... Monsieur le maréchal, dit le roi, je vois
« bien où vous voudriez me mener, mais nous ne re-
« tournerons pas à Stockholm de sitôt. »

Il faut convenir, toutefois, que les desseins de Charles
XII n'étaient pas, dans le principe, aussi extravagans
que leur mauvais succès les fait paraître aujourd'hui.
Arrivé à Smolensk, après une suite de prodiges, le roi
de Suède ne fit point la folie d'aller à Moscou dans une
saison déjà fort avancée ; il marcha vers l'Ukraine, dont
le climat était plus doux, et déterminé d'ailleurs par ses

Le corps du prince de Bagration fut un moment coupé de la principale armée russe par le mouvement inopiné de Buonaparte ; après des succès variés, ce corps parvint à gagner Smolensk. Les Français attaquèrent cette ville le 17 et le 18 août ; on se battit de part et d'autre avec fureur.

Les Russes conviennent d'avoir perdu quinze mille hommes tués ou blessés dans ces deux journées ; mais ils prétendent qu'elles en coûtèrent aux Français plus de vingt mille. Les Russes n'auraient rien gagné en repoussant l'ennemi ; ils voulaient exterminer l'armée entière, et sur-tout prendre son chef mort ou vivant. Ils comptaient sur les effets inévitables du climat ; et, chose incroyable, tandis que Buonaparte était peut-être le seul homme en Europe qui s'aveuglât sur les dan-

---

intelligences avec Mazeppa, le célèbre hetman des Cosaques. Si la trahison de Mazeppa n'eût pas été découverte, s'il eût réuni ses forces à celles du général Levenhaupt, qui lui amenait de puissans renforts, qui peut calculer les suites de cette expédition hardie ? La Pologne, où Charles XII avait replacé le roi Stanislas, devenait pour lui une alliée formidable ; il humiliait le Danemarck, et arrêtait Pierre-le-Grand dans les commencemens de sa fortune. *(Note du Traducteur.)*

gers de sa situation, les journalistes anglais faisaient des commentaires prophétiques sur ses bulletins; ils disaient qu'en supposant qu'il eût triomphé en effet de tel ou tel général, il ne triompherait pas du général OCTOBRE. On prédisait ainsi à point nommé l'époque des cruels embarras auxquels il s'exposait de gaîté de cœur.

Les regards de l'Europe entière se portaient sur l'antique cité de Moscou; l'empereur Alexandre y avait placé pour gouverneur un homme de sang-froid et de résolution, le général Rostopschin. Moscou devint bientôt par ses soins une place d'armes où l'on ne s'occupa que d'apprêts belliqueux. Cinquante mille hommes y furent armés comme par enchantement.

De Smolensk à Moscou l'on compte cinquante milles d'Allemagne. La grande armée russe s'y retira lentement et en bon ordre, emmenant avec elle tous ses magasins. Par-tout où elle passait, elle entraînait à sa suite la plupart des habitans des villes et des villages. Les Français ne trouvaient plus que des hameaux déserts ou livrés aux flammes, des campagnes ravagées. Tel était le fanatisme du peuple, qu'il se portait de lui-même à ces extrémités.

Les Français en souffraient au-delà de toute expression : ils ne pouvaient lever aucun impôt ; ils ne pouvaient se procurer ni vivres, ni guides, ni espions. Un écrivain allemand compare les Russes abandonnant leurs villages, à un essaim d'abeilles qui ont perdu leur reine. On peut disperser, tuer, écraser ces utiles animaux, mais chacun conserve son aiguillon et se défend jusqu'à la mort.

Après que l'une et l'autre armée eurent reçu des renforts, elles se rencontrèrent à Borodino, à douze milles de Moscou. Là fut livrée une des batailles les plus sanglantes, les plus décisives de cette guerre. Le 7 septembre, entre quatre et cinq heures du matin, lorsque le jour ne paraissait pas encore, les Français, à la faveur de l'obscurité, se précipitèrent avec furie sur les Russes, et furent reçus avec le même courage. Le combat fut terrible. Près de deux mille canons vomissaient la mort. D'immenses escadrons semblaient prêts à enfoncer la terre sous les pieds des chevaux. On se battit de part et d'autre avec le plus vif acharnement. Le terrein, les canons furent à diverses reprises conquis et perdus ; les redoutes et les batteries changèrent trois ou quatre fois de maître. Chaque pied carré de terre était couvert de sang. Les boulets de canon obscurcissaient l'air, pour ainsi dire, et formaient une grèle aussi serrée que les balles de fusil dans un feu de mousqueterie bien entretenu. La bataille ne finit qu'à la nuit. Les Russes prétendent que le champ de bataille leur demeura, et que les Français reculèrent de dix werstes, environ deux lieues et demie. Dans cette journée sanglante, il y eut des deux côtés près de quatre-vingt mille hommes tués ou blessés. Les Russes firent une perte considérable dans la personne du prince Bagration, l'un de leurs plus intrépides généraux.

Telle fut la bataille de Borodino ou de Mojaisk : comme à celle de Wagram en 1809, la cavalerie principalement y fut engagée. L'empereur de Russie décerna au commandant en chef, le prince Kutusoff, le titre de général feld-maréchal, lui fit un présent de cent mille roubles, et donna cinq roubles à chacun des soldats qui y avaient combattu.

Quoique les Russes s'attribuassent la victoire, les Français n'avaient pas laissé de remporter un grand avantage. Au reste, les deux armées étaient singulièrement affaiblies. Les Français conservaient encore la supériorité du nombre, attendu que le prince Kutusoff n'avait en grande partie que des recrues mal exercées. Les Français songèrent donc à tourner son aile gauche, bien persuadés que Kutusoff tenterait encore une fois sous les murs de Moscou le sort d'une action décisive. Mais le prince Kutusoff ne voulut pas confier aux chances douteuses d'une seule bataille les destinées de l'Empire ; il s'occupa de prendre une bonne position, d'attendre des renforts, de couvrir les riches et fertiles provinces du Midi, et ensuite, quand il en serait temps, de faire voir qu'il n'avait point renoncé à se mesurer avec Buonaparte. Il fit donc un mouvement hardi, gagna Moscou à marches forcées, et prit ensuite tout d'un coup, par une manœuvre de flanc, les routes de Tula et de Kalouga. Ce fut de cette dernière ville qu'il écrivit, le 16 septembre, à son souverain : « J'ai encore une « bonne et brave armée ; la perte de Moscou « n'est point celle de la patrie. »

Le 14 septembre, au moment même où l'arrière-garde des Russes évacuait Moscou, la première colonne de l'armée française entrait dans la ville. Un morne silence régnait dans cette capitale ; il n'y avait personne dans les rues ; le peu d'habitans restés dans la ville se tenaient enfermés et barricadés dans leurs maisons. Tel était l'état des choses, lorsque Buonaparte se présenta devant le faubourg de Smolensk. Il y attendit sans doute que les magistrats de la ville vinssent au-devant de lui en députation. Personne ne parut. Buonaparte remit son entrée au jour suivant, espérant toujours que quelques habitans se montreraient, qu'il verrait venir au moins quelques-uns des Français, des Italiens ou des Allemands établis à Moscou. Buonaparte entra le 15, sans acclamations, et même sans déployer aucun appareil de triomphe, dans l'ancienne ville des czars, dans le Kremlin. Il était deux heures après midi; le temps était nébuleux, et il régnait de toutes parts un silence funèbre.

De trois cent cinquante mille habitans qui peuplent Moscou, même en été où tant de familles se retirent à la campagne, il en restait à peine trente mille. Mais, quoiqu'une immense population eût disparu, quoique la plus forte partie des magasins, des denrées, des objets précieux eût été portée au loin, une ville comme Moscou, l'une des plus riches cités européennes, au cœur de la Russie, au point central de son commerce d'Europe et d'Asie, contenait nécessairement encore d'immenses provisions ; une armée de deux cent mille hommes aurait pu y tenir cinq ou six mois en quartiers d'hiver. Buonaparte frémit en entrant dans cette solitude ; mais il se flattait toujours d'y trouver un riche butin. Depuis six mois, il promettait à ses soldats le pillage ou tout au moins les délices de cette ville, comme la récompense de tant de privations et de fatigues. Avant la bataille de Borodino, il avait fait sentir à ses soldats la nécessité de la victoire, la nécessité d'aller chercher dans Moscou un soulagement à la famine qui les pressait, et un abri contre les rigueurs de la saison. Cependant il voulait que le pillage se fît avec un certain ordre, et la destruction de la ville n'entrait nullement dans sa politique. Il fit, en conséquence, camper hors des murs la plus grande partie de ses troupes, et n'y introduisit que des corps peu nombreux. Malheureusement la chance tourna autrement qu'il ne l'avait supposé.

Dès la nuit du 14 au 15, lorsque Buonaparte attendait patiemment devant la porte la harangue des autorités municipales, un incendie éclata dans le quartier de Salenka, où se trouve l'hôpital des Enfans-Trouvés. On l'é-

teignit au bout de quelques heures. Bientôt
après le feu se manifesta dans plusieurs autres
endroits, et l'on ne parvint qu'imparfaitement
à en arrêter les progrès. En plein jour on vit
déjà plusieurs quartiers livrés aux flammes. Si
l'air eût été moins calme, c'en était fait dès ce
moment de la ville entière ; car les soldats
français, étonnés de l'indifférence des habitans, ne se donnaient pas la peine de porter
des secours. Le feu s'étendit de plus en plus,
et dans les quartiers éloignés de ce foyer de
destruction, l'on en parlait avec la même indifférence que l'on s'entretiendrait à Pétersbourg du tremblement de terre de Lisbonne
ou de Messine.

Ainsi se passa le mardi 15 septembre, et
toute la nuit du mercredi. Ce même jour,
16 septembre, à neuf heures du matin, un
vent violent favorisa les progrès des flammes,
et alors éclata véritablement le grand incendie
qui dura plusieurs jours. Le gouverneur de
Moscou, en préparant ce cruel, mais nécessaire sacrifice, avait eu la précaution d'enlever les pompes et tout ce qui aurait pu servir
à éteindre le feu. La flamme s'élevait en affreux tourbillons ; l'atmosphère représentait
une voute de feu, où de grosses flammèches

répandaient çà et là une lueur plus vive; l'air, dilaté par la chaleur, augmentait encore la violence de l'ouragan. Non, jamais la colère du ciel n'offrit aux hommes un spectacle plus effroyable. Par-tout on entendait les cris des fuyards et de ceux qui se sentaient déjà atteints par l'incendie ; les hurlemens des chevaux, des bœufs et des autres animaux domestiques se débattant au milieu des habitations enflammées. Et il existait des hommes assez odieux pour songer, dans cette grande catastrophe, à leur utilité, à leurs passions particulières! Des maraudeurs, animés par la soif du butin, poursuivaient et maltraitaient les fuyards , s'emparaient des objets précieux qu'ils pouvaient leur dérober, enfonçaient avec des massues les voutes des caveaux, tiraient des coups de fusil du haut des toits ou par les fenêtres. La même convulsion agitait les hommes et bouleversait les élémens.

Buonaparte avait pu des fenêtres du Kremlin, suivre des yeux le commencement et les progrès de l'incendie ; il avait pu à ce sujet faire de tristes réflexions sur les vicissitudes humaines. Lorsqu'on lui annonça qu'on venait d'arrêter dans le Kremlin même des incendiaires qui cherchaient à mettre le feu dans

plusieurs endroits, il vit qu'il n'y avait pas là
de sûreté pour lui, et se retira dans le palais
impérial de Pétrowski, hors de la ville. Il est
probable qu'il regarda cet évènement comme
un piége qui lui était tendu, et dont la grandeur de la ville ne lui permettait pas d'apercevoir tout le danger ; car il réunit ses troupes, et ne prit point de précautions pour
sauver quelques quartiers ; ce qui sans doute
lui était possible.

Le pillage des décombres de Moscou fut
organisé avec méthode, afin que tous les corps
de l'armée y eussent successivement part. Le
premier jour fut accordé à la vieille garde ; le
second à la jeune garde ; le troisième au corps
du maréchal Davoust. Les différens corps de
l'armée eurent ainsi leur tour. Huit jours furent employés de cette manière à un pillage
régulier ; mais il ne cessa pas tout-à-fait dans
la suite, malgré les défenses sévères qui eurent lieu.

Rien ne surpassait ce désordre, si ce n'est
la misère profonde qui désolait les vainqueurs
au milieu de ces vaines richesses. La plupart
des soldats étaient sans souliers, sans bas,
sans pantalons, et n'avaient sur eux que des
lambeaux. La garde de Buonaparte conser-

vait seule une tenue passable. Le reste de l'armée était dans un accoutrement si bizarre, qu'on ne reconnaissait les soldats qu'à leurs armes. Ils auraient fait pitié à ceux mêmes dont ils dévastaient les propriétés !

Cependant une foule d'infortunés habitans de Moscou périssaient de misère et de besoin dans leurs caveaux et dans d'autres retraites souterraines. La famine s'accrut au point que l'on ne pouvait plus se procurer un morceau de pain. Il y avait des combats continuels entre les Français et les Russes dans les jardins, dans les champs où croissaient des pommes de terre et d'autres racines.

En un mot, on voyait régner à Moscou tout ce que la fureur des hommes a de plus atroce; la vengeance ne connaissait point de bornes, la force point de frein. Dans ces affreuses conjonctures où chacun pouvait à peine se flatter d'avoir une minute à vivre, on voulait du moins jouir du présent. Le spectacle de l'incendie qui subsistait toujours n'arrêtait point les actions les plus honteuses. On voyait en plein jour ou à la lueur des flammes, des excès que la nuit couvre ordinairement de ses voiles. Mais nous-mêmes gardons le silence sur cet amas d'horreurs.

On avait pensé d'abord que l'incendie de
Moscou était occasionné par quelque accident,
par l'imprévoyance des habitans qui avaient
laissé du feu dans leurs domiciles, et la négli-
gence des soldats. On ne tarda pas à voir que
cette catastrophe était l'effet d'un calcul dé-
sesperé. On raconte que le premier qui, dans
la nuit du 16 septembre, alluma une torche incendiaire, fut un riche carrossier; il possédait
un nombre immense de voitures, et y mit lui
même le feu, afin que l'ennemi ne pût en tirer
aucun secours. Beaucoup d'autres imitèrent
ce dévouement; ensorte que les deux tiers de
la plus grande cité européenne ne tardèrent
pas à être réduits en cendres. Le Kremlin et
les maisons voisines existaient encore, de
même qu'une partie des bâtimens situés de ce
même côté de la Moscowa, et près de l'hôpital des Enfans-trouvés. En effet c'est là que
se trouvent les hôpitaux, et les quartiers des
Français y étaient les plus rapprochés.

Moscou vit disparaître au milieu des ruines
ses bâtimens fastueux, ses coupoles dorées,
les flèches de ses églises, ses couvens, ses
hôtels magnifiques, ses palais, ses musées,
ses bibliothèques, ses jardins superbes tracés
à l'imitation de ceux d'Ispahan et de Schiras,

tous ces asiles des arts et des sciences, du plaisir et du goût, les monumens des plus célèbres artistes, et le fruit de la munificence de tant de souverains.

Mais les flammes qui détruisaient les édifices allumaient dans les cœurs des Russes l'ardeur de la vengeance. Cette ardeur fut soigneusement animée par les prédications des prêtres, par les discours du vénérable patriarche Platon, âgé de près d'un siècle, et par les proclamations éloquentes du gouverneur Roptoschin.

On arrêta quelques Russes occupés à propager l'incendie à l'aide de pièces d'artifices ; Buonaparte les fit fusiller. La terreur du supplice ne les empêcha pas de trouver des imitateurs. Buonaparte fit les plus cruelles menaces aux paysans qui livraient aussi aux flammes leurs propres villages ; les habitans ne voulaient point y rester ; les vieillards, les mères, les enfans à la mamelle, les infirmes s'éloignaient avec rapidité, soit à pied, soit sur des charriots. On voyait un villageois tenant d'une main sa femme et ses enfans, de l'autre un flambeau allumé, livrer à un incendie destructeur sa chaumière, ses meubles, ses provisions. Cette troupe désolée marchaît à la suite du corps d'armée jusqu'au plus prochain village. Là, après avoir déposé leur famille dans un lieu de sûreté, les hommes en état de porter les armes se joignaient aux soldats, ou venaient massacrer les Français sur les ruines de leurs habitations. Le gouverneur Roptoschin donna lui-même un grand exemple. Il possédait dans le voisinage de Moscou un château magnifique; il l'incendia de sa propre main, et fit mettre cette inscription sur les décombres : « Ce château a été « jusqu'à présent le séjour d'un homme d'honneur, il ne servira point de retraite aux soldats abusés d'un homme qui s'est fait voleur « de grands chemins. »

Buonaparte avait bien mal calculé ses dispositions. Il s'était grossièrement mépris sur la Russie; il ne savait pas ce que peuvent produire la vertu et l'enthousiasme. Ses espions et ses partisans secrets lui avaient annoncé que Moscou était la véritable et légitime capitale de la Russie; qu'on y détestait Pétersbourg et ses courtisans; que la famille impériale elle-même y était regardée comme étrangère; que Moscou était le séjour d'un grand nombre de mécontens, de familles jadis puissantes et irritées de languir dans l'obscurité, de familles qui, de père en fils, s'étaient transmis le souvenir de l'ancienne cour des czars. On le flattait de l'espoir de se faire peut-être un parti dans Moscou, et d'exciter une guerre civile. On lui promettait un appui dans le petit peuple, brûlant de se venger des outrages de la noblesse, et de conquérir la liberté; on lui disait que les paysans étaient tous prêts à briser les chaînes de l'esclavage, dès que le signal leur serait donné.

Mais dès le premier instant ces espérances trompeuses s'évanouirent. Il n'en déclara pas moins à l'univers dans ses bulletins et dans les journaux de Paris, que « l'ordre, la tranquil-
« lité, l'abondance et même le superflu ré-
« gnaient dans l'armée française ; qu'on voyait
« revenir par milliers les habitans que la ter-
« reur ou la contrainte avaient éloignés ; que
« plus des deux tiers de Moscou étaient in-
« tacts, et qu'on avait arrêté la fureur des
« incendiaires. »

Plusieurs des starostes et des notables des différens villages furent arrêtés par ordre de Buonaparte et conduits devant lui. Il leur enjoignit de maintenir la tranquillité dans leurs cantons respectifs, disant qu'il les en rendait responsables sur leurs têtes. Ces hom-

mes intrépides refusèrent de recevoir ses ordres ; ils dirent qu'ils étaient engagés par leur
serment de fidélité envers l'empereur Alexandre, et ne pouvaient pas reconnaître d'autre
souverain. Les plus terribles menaces, l'appareil du suplice ne purent les ébranler. Placés
devant le piquet de grenadiers qui allait les
mettre à mort, les Russes prenaient dans leurs
mains le signe révéré de la croix , le baisaient
avec ardeur, recommandaient leur ame à
Dieu , et, par cette fermeté même, désar-
maient souvent leurs bourreaux. Ils n'étaient
point fusillés, mais on les retenait en prison.

Enfermé dans le Kremlin, dont les portes
étaient palissadées et les remparts hérissés
d'artillerie, l'oppresseur du genre humain eut
recours à sa politique accoutumée. Il fit croire
non-seulement à ses soldats, mais aux Russes,
qu'il allait prendre ses quartiers d'hiver, et
que la paix était prochaine. On répandait chaque jour de faux bruits : à en croire les nouvellistes, Riga était pris d'assaut, Macdonald
était entré dans Pétersbourg le jour même de
la prise de Moscou, et l'avait livré aux flammes ; la route de Wilna à Smolensk était couverte d'innombrables charriots qui transpor-
taient des vêtemens d'hiver et d'autres objets

nécessaires à l'armée ; le maréchal Victor arrivait avec de puissans renforts ; dès le printemps l'armée française se trouverait toute aussi nombreuse, toute aussi formidable qu'elle l'avait été à l'ouverture de la campagne ; si les Russes ne faisaient point la paix cet hiver, Napoléon partagerait leurs possessions européennes en deux parties, sous les dénominations de *duchés de Smolensk* et de *Pétersbourg ;* et l'empereur Alexandre, si Napoléon daignait le laisser sur le trône, n'exercerait plus de pouvoir qu'en Asie.

Les passages des bulletins de Buonaparte sont vraiment curieux. Dans l'un on trouve ces expressions :

« Le temps est très-beau, comme en France
« en octobre, *peut-être un peu plus chaud ;*
« mais dans les premiers jours de novembre
« on aura des froids. »

Ailleurs on dit, sous la date du 23 octobre, et lorsqu'on était déjà en pleine retraite :

« Les habitans de la Russie *ne reviennent*
« *pas* du temps qu'il fait depuis vingt jours ;
« c'est le soleil et les belles journées du
« voyage de Fontainebleau. L'armée est dans

« un pays *extrêmement riche* et qui peut se
« comparer aux meilleurs de la France et de
« l'Angleterre. »

Telles étaient les impostures que l'on dé-
bitait, et qui étaient accueillies avec une crédulité merveilleuse, et on les propageait
avec une adresse infinie. Le chef de l'armée
française voulait, par ce moyen, soutenir le
courage de ses troupes, abattre celui des
Russes, et faire revenir ceux des habitans qui
cherchaient un refuge à Pétersbourg.

Toutes les ouvertures que Buonaparte faisait pour obtenir la paix étaient rejetées ; cependant il ne désespérait pas encore de conclure un traité sur des bases honorables. Aveu-
glé par ses anciens succès, réfléchissant que
le gain seul d'une bataille lui avait soumis
toute la monarchie prussienne, que deux fois
l'Autriche, épouvantée par la conquête de sa
capitale, avait consenti aux plus douloureux
sacrifices, rien ne lui paraissait impossible.
Cette confiance en son étoile peut seule expliquer le temps irréparable qu'il perdit sur
les décombres d'une capitale anéantie (1). Il

____

(1) Mon auteur allemand partage ici une opinion assez

ressemblait, en cet état, au roi Pharaon, et il put se convaincre de la vérité de ce proverbe russe : *Dieu et la Russie sont grands.*

Le prince Kutusoff avait réussi dans tous ses plans. En sortant de Moscou, il se dirigea à droite vers le sud par les routes de Kalouga, de Tula et d'Arel, couvrant ainsi les riches provinces méridionales. Il établit son camp sur la rive droite de la Nara, près du bourg de Tarutina. Dans cette position, il reçut des vivres en abondance ; il grossit son armée de plusieurs régimens d'infanterie, de divers bataillons de landwehr, et de vingt-quatre nouveaux régimens de cosaques du Don ; des malades et des blessés heureusement rétablis, et des paysans volontaires venaient le joindre en foule. En un mot, il était au centre de ses ressources ; tandis que Buonaparte était à trois

---

générale. Je crois, quant à moi, que Buonaparte n'était plus maître de choisir le moment de sa retraite. Pouvait-il faire retourner brusquement sur ses pas une armée harassée de fatigues, et qui manquait de tout ? Il ignorait ce qui se passait derrière lui, les obstacles qu'avaient éprouvés le duc de Reggio, le duc de Tarente, et surtout la marche de l'amiral Tchitchagoff contre l'armée autrichienne auxiliaire. Son unique faute est d'avoir passé le Dnieper. *(Note du Traducteur.)*

cents lieues des siennes, en supposant que l'Oder fût pour lui le centre de ses forces actuelles.

Dans ses retranchemens de Tarutina, le prince Kutusoff surveilla sans relâche tous les mouvemens de Buonaparte. Il le resserra de plus en plus dans Moscou, et intercepta tous les convois de vivres et de fourrages.

Buonaparte, qui ne cessait d'entretenir l'histoire de ses incroyables victoires, de l'abondance de toutes choses dont son armée jouissait à Moscou, de l'anéantissement prochain de la Russie et de la destruction de ses armées, se voyait désormais prisonnier à Moscou, et sollicitait inutilement la paix. Il proposait de se retirer à Wiasma, si l'on voulait conclure un armistice ; mais les généraux russes se gardaient bien d'accorder par des négociations ce qu'ils étaient résolus d'empêcher, s'il était possible, par la force des armes. Buonaparte eût été trop heureux d'obtenir par une victoire ce qu'il affectait de présenter comme un généreux sacrifice. Au surplus, on voit clairement, par les bulletins même de Buonaparte, quelle était sa perplexité (1).

____

(1) Les étrangers se sont récriés sur la fanfaronnade

Les troupes françaises n'avaient de repos ni
jour ni nuit ; elles étaient harcelées de tous

---

d'articles semi-officiels , insérés dans les journaux français, où l'on rapportait de prétendues lettres du 19 octobre, quoique Moscou eût été évacué le 17; où l'on
parlait de la marche victorieuse de l'armée française sur
Twer, Toula et Kalouga.

Il faut remarquer que des circonstances impérieuses
nécessitaient ces annonces mensongères. La conspiration de Malet avait éclaté à Paris; beaucoup de personnes ajoutaient foi au bruit propagé par les conjurés,
que Buonaparte avait péri le *sept* devant Moscou ; et
cette opinion était accréditée par le silence impolitique
auquel on forçait les journaux, sur les *débats publics* de
la commission militaire.

Si l'on eût imprimé dans le Moniteur ces mêmes débats, que j'avais obtenu l'autorisation de *sténographier*,
tout le monde aurait su que Buonaparte n'avait pu être
tué le 7 , parce que le complot de Malet devait d'abord
éclater le 12, et que le faux sénatus-consulte avait été
d'abord daté du 11. On n'aurait pu apprendre cette nouvelle à Paris en quatre jours, quand même il y aurait eu
des télégraphes sur toute la route.

J'ai donné , dans une brochure que j'ai fait paraitre
dès les premiers jours d'avril, sous ce titre : Le Retour
des Bourbons, etc., *contenant des Anecdotes sur diverses conjurations*, etc., une notice fort étendue sur
la conjuration Malet : elle est conforme , de tout point,
au récit que M. l'abbé Lafon vient d'en publier. Deux

côtés par de nombreux essaims de la cavalerie
légère des Russes ; il n'y avait pas moyen de
fourrager, de se procurer des vivres, même
de communiquer des ordres d'un corps à un

---

lignes de mon ouvrage ont cependant excité l'animad-
version de M. Lemarc, qui a employé plus de la moitié
d'un pamphlet à les réfuter. Il me reproche de n'avoir
point parlé de la première conjuration tramée par
Malet en 1808, et de n'avoir pas voulu croire que ce
général eût pour principaux adhérens, des personnes
influentes dans le gouvernement. Je le renvoie, sur ce
dernier article, aux faits mêmes articulés par lui, et
sur-tout à l'ouvrage de M. l'abbé Lafon.

Ce dernier ne me paraît avoir commis qu'une erreur
grave : ce n'est point au président de la commission militaire que Malet a dit : « Si j'avais réussi, j'aurais eu la
« France entière et *vous-même* pour complices. » S'il a
tenu ce propos, ce ne peut être que dans la procédure
secrète.

Au surplus, je me joins à M. Lafon pour désirer que
les débats publics soient imprimés ; ils ne peuvent compromettre en rien l'humanité des membres de la commission militaire, et ils feront connaître un homme
bien digne d'un meilleur sort, le brave général La-
horie. Il y a dans toutes ses réponses une présence d'esprit et une fermeté vraiment admirables. Le plaidoyer de
M. Billecoq, pour le jeune Boutreux, mérite aussi d'être
connu ; il est fait pour ajouter, s'il est possible, à la ré-
putation de cet avocat. *(Note du Traducteur.)*

autre. Les Russes., dans ces escarmouches partielles, faisaient chaque jour deux cents et jusqu'à cinq cents prisonniers. Les paysans allaient à la chasse des Français : cachés dans les cavernes, dans les forêts, ils venaient fondre pendant la nuit sur des détachemens isolés, et assouvissaient leur vengeance.

Au reste, tous ces pillages partiels n'enrichissaient point l'armée : aucun magasin militaire, soit de vivres, soit de munitions, n'avait été trouvé dans cette ville en cendres. M. Durdent (1) relève, avec raison, cette étrange assertion du 25e bulletin : « Qu'au « nombre des effets dont on s'était emparé, « se trouvaient quinze cents mille cartouches « et quatre cents milliers de poudre, conser- « vés sans doute par le plus étonnant miracle, « dans une ville en feu, et où treize mille per- « sonnes n'ont pu échapper à l'embrâsement. »

---

(1) *Campagne de Moscou,* p. 45.

CHAPITRE IV.

Retraite de Moscou.

Le séjour de Buonaparte à Moscou fut de cinq semaines. Il y était entré le 15 septembre, il en sortit le 17 octobre, et n'y laissa qu'une faible garnison de sept à huit mille hommes.

Cependant Buonaparte ne voulut point prendre congé de cette malheureuse capitale sans y laisser des traces impérissables de sa fureur. La veille de leur départ, le maréchal Mortier et M. de Lesseps, qui avait exercé les fonctions, ou pour mieux dire, avait porté le titre de préfet de Moscou, allèrent trouver M. de Tutulmin, directeur de l'hôpital des Enfans-Trouvés; ils recommandèrent à son humanité les blessés français qui se trouvaient dans cet hospice, et promirent que les tristes débris de la ville seraient épargnés. Il ne dépendait pas d'eux apparemment d'accomplir cette promesse, et sans doute ils ignoraient les ordres que Buonaparte avait donnés. A huit heures, le feu prit au Kremlin, du côté de la

porte de Kalouga. L'incendie se propagea rapidement, et dévora tout ce quartier de la ville.
Cet évènement causa d'abord une épouvante
universelle ; mais bientôt on se rassura, en
songeant que l'incendie ne pouvait s'étendre
au-delà des murailles du Kremlin. La nuit se
passa ainsi ; mais le lendemain matin, le réveil
fut terrible. Entre quatre et cinq heures, les
mines jouèrent, et firent sauter des bâtimens
antiques, vénérables par leur masse imposante (1).

---

(1) Cette catastrophe était préméditée. Le XXVe bulletin s'exprime ainsi :

« D'un côté, on a armé le Kremlin, et on l'a fortifié ;
« dans le même temps, on l'a MINÉ pour le faire sauter.
« Les uns croient que l'empereur veut marcher sur
« Toula et Kalouga, pour passer l'hiver dans ces pro-
« vinces, en occupant Moscou par une garnison dans le
« Kremlin.

« Les autres croient que l'empereur fera SAUTER *le*
« *Kremlin, et brûler les établissemens publics* qui y
« restent, et qu'il se rapprochera de cent lieues de la
« Pologne, etc. »

On lit dans le XXVIe :

« L'empereur fit miner le Kremlin. Le duc de Trévise
« le fit sauter le 23, à deux heures du matin : l'arsenal,

On vit bientôt paraître les premiers Cosaques et des multitudes de paysans, avides de découvrir les traîneurs de l'armée française. Ils les poursuivaient dans les maisons, sur toutes les routes, et massacraient sans pitié ceux qui tombaient entre leurs mains.

Ainsi disparut le Kremlin, ce monument singulier, d'un style à moitié oriental, à moitié italien. Un forcené en ordonna la destruction dans sa rage impuissante. Le Kremlin cependant n'était point une forteresse. En le réduisant au néant, Buonaparte ne privait point ses ennemis d'une position militaire ; il faisait le mal pour le plaisir du mal. Le palais impérial de Petrowski fut également l'objet de ses ordres barbares, et une partie en fut brûlée. Avant de partir, il avait fait enlever la croix dorée de l'église d'Ivan-Weliki, l'aigle qui surmontait

---

« les casernes, les magasins, tout a été détruit. Cette « ancienne citadelle, qui date de la fondation de la mo-« narchie, le premier palais des czars, ont été. »

Dans tous ces bulletins, on annonçait le *mouvement* de l'armée française comme une manœuvre habile pour se rapprocher de Pétersbourg, et pour conquérir, au printemps, la paix dans la superbe capitale de Pierre-le-Grand. *(Note du Traducteur.)*

la porte de Nikolsski, et le saint George du sénat. Il voulait du moins étaler à Paris avec ostentation ces trophées d'une sanglante conquête; mais Dieu en disposa autrement. Ces objets et plusieurs charriots de butin furent repris par le général Winzingerode. On les a replacés sur les nouvelles constructions qu'ont déjà élevées les mains des prisonniers français; et bientôt, dit-on, l'orgueilleuse statue que Buonaparte s'érigea à lui-même sur la colonne de la place Vendôme, transportée dans le Kremlin, viendra attester aux yeux des nations et les vicissitudes de la fortune et la magnanimité d'un grand prince.

En partant de Moscou, Buonaparte dit à ses soldats : « Je vous conduis dans des quartiers « d'hiver; si je rencontre les Russes sur mon « chemin, je les battrai; si je ne les trouve « pas, tant mieux pour eux! »

Hélas! il devait les rencontrer, et ce n'était pas à lui à s'applaudir de cette rencontre.

Le 18 octobre, le jour même où il s'exprimait ainsi, le général Murat, roi de Naples, venait d'éprouver un échec à Taroutina, contre l'armée du général Bennigsen. Il avait perdu, selon les relations russes, trente-huit canons, deux mille prisonniers, et un grand nombre d'hommes tués. Le 24 octobre, Buonaparte lui-même fut attaqué à Malojaroslawetz, et tous ses plans furent déconcertés. Le prince Kutusoff le rejeta sur la grande route de Smolensk qu'il avait dévastée, et suivit avec la principale armée russe un chemin à gauche, où il se procurait des vivres en abondance. Le 26 octobre, l'armée se dirigea par Borowsk et Wéréja sur Mojaisk ; tous ces villages furent successivement incendiés : il semble que, dans cette guerre, on ait fait un plus fréquent usage de la flamme que du glaive.

Buonaparte abandonnant son artillerie, ses bagages, marchait plus vite que la grande armée russe ; mais il était suivi, harcelé par les Cosaques de Platoff, et une avant-garde de trente-cinq mille hommes sous les ordres du général Miloradowitz.

Les magasins français les plus proches étaient à Smolensk, à environ soixante-dix lieues de Malojaroslawetz. L'armée manquait de tout, et bientôt les effets de la famine furent terribles. Plus d'ordre, plus de discipline, plus de possibilité de retenir sous les drapeaux des hommes mourans de faim. Ils étaient trop heureux quand ils pouvaient égorger quelques chevaux et s'en repaître; quelquefois ils se nourrissaient des cadavres même de leurs compagnons (1). Cependant les Cosaques et

---

(1) Ma plume se refuserait à tracer le tableau détaillé des horreurs de cette retraite effroyable; mon imagination se révolte à l'idée de choisir entre tant de faits épouvantables, ceux qui seraient les plus propres à appeler les malédictions sur l'auteur de tous ces désastres. Qu'il me soit permis d'emprunter ici le langage de M. Durdent (*Campagne de Moscou,* pages 82 et 83).

« Ce n'est qu'en frémissant, dit cet auteur, que j'ajoute ici ce que plusieurs feuilles étrangères attestent comme des faits positifs. Elles prétendent que, quand le froid redoubla, les soldats, sans bottes et sans souliers, et les pieds seulement enveloppés de chiffons ou de morceaux de drap et de havresac, eurent encore à combattre la faim dans toute son horreur. Plusieurs de ces spectres, à demi-morts, et couverts de haillons, se virent contraints de dévorer leurs propres membres, ou même les cadavres de leurs compagnons.

« Un jour, j'en interrogeai un sur ces assertions horribles : « Attestez-moi, lui dis-je, qu'il y a là de l'exa- « gération, et je vous crois. » Sa physionomie prit un aspect convulsif; des larmes de sang bordèrent ses paupières : « Croyez, me répondit-il, en me pressant la « main avec violence, tout ce que l'extrême désespoir « peut suggérer de plus effroyable. » D'après cette réponse trop significative, j'ai écrit ce que l'on vient de lire. »

Le même auteur rapporte en ces termes les horribles

les paysans armés ne leur laissaient point de relâche.

Le 3 novembre, le général Miloradowitz rencontra à Wiasma l'arrière-garde commandée par le général Davoust, et remporta une facile victoire sur des hommes exténués. Dans une affaire semblable, le prince Eugène, vice-roi d'Italie, perdit toute son artillerie, au nombre de plus de cent pièces de canon.

---

détails que lui donna l'une des victimes de ces tristes scènes :

« Je redoutais sur-tout, disait ce brave militaire à M. Durdent, je redoutais l'arrivée des nuits, non-seulement parce qu'elles augmentaient nos souffrances, mais à cause d'une particularité que voici : On faisait halte, on se réunissait, on se pressait les uns contre les autres, et aussitôt, au milieu du silence produit par l'abattement et le désespoir, commençaient de petits bruits qui se répétaient à chaque instant, souvent dans plusieurs endroits à-la-fois. Qui les causait ? la chute, sur la terre glacée, des hommes et des chevaux succombant à l'excès du froid et de la misère. Non, poursuivait-il, jamais je n'oublierai ces bruits continus ; ils me poursuivent par-tout avec les circonstances terribles dont ils étaient accompagnés : souvent, pendant la nuit, il m'arrive de m'éveiller en sursaut, parce que mon imagination frappée croit les entendre encore. » *(Note du Traducteur.)*

La détresse augmentait dans une progression effrayante. La longueur des jours diminuait, les nuits, les terribles nuits devenaient de plus en plus longues, et l'on ressentait toutes les rigueurs de l'hiver. Les hommes n'avaient point de fourrures, les chevaux étaient la plupart déferrés. Un chef que les flatteurs présentaient comme l'homme du destin, comme un être surnaturel, avait porté à ce point l'imprévoyance. Les hommes mouraient par centaines, de froid, de fatigue et de faim; auprès d'eux tombaient les chevaux, malheureux associés à cette expédition fatale. Il n'y avait plus de cavalerie; tout ce qu'on avait pu faire, avait été de rassembler quelques centaines de chevaux, et d'en former deux régimens entièrement composés d'officiers. Les capitaines agissaient comme simples soldats, les colonels ou les généraux remplissaient les fonctions de lieutenans et de capitaines. On abandonnait les canons faute de chevaux pour les traîner, les soldats jetaient leurs fusils, parce que leurs mains gelées ne pouvaient plus en soutenir le poids.

La retraite de Smolensk coûta à Buonaparte soixante mille hommes tués, prisonniers, affamés ou gelés, près de quatre cents canons, et la plus grande partie des charriots où l'on avait amoncelé le butin fait à Moscou.

Il y avait des magasins à Smolensk, comme on vient de le dire; mais toute espèce d'ordre et de subordination en était bannie; l'armée fugitive ne pouvait y séjourner long-temps, de peur d'être coupée par les Russes. Buonaparte fit brûler une immense quantité de voitures, d'effets précieux et de provisions, il fit sauter plusieurs caissons en l'air. Cependant Platoff trouva encore à Smolensk des dépouilles considérables, et cent vingt canons, sans compter ceux qui avaient été enfouis ou jetés dans les rivières et les ruisseaux.

A Krasnoï, les tristes débris de l'armée française furent joints par le prince Kutusoff: Buonaparte commandait en personne. Ses soldats, combattant avec leur valeur accoutumée, repoussèrent d'abord les Russes; mais bientôt leur aile droite fut débordée. Buonaparte changea de cheval, et courut à toute bride rejoindre ses gardes qu'il avait envoyés à quelques milles de là vers Lady. Il donna ordre au maréchal Davoust d'avancer, et de soutenir le maréchal Ney qui formait l'arrière-garde à Smolensk. Davoust fut culbuté, et, dans la vivacité de sa retraite, perdit son bâton de maréchal. Ney fut abandonné à lui-même.

Le jour même de la bataille de Krasnoï, le maréchal Ney se mit en marche avec un corps d'environ quinze mille hommes. Quelle fut sa surprise, en trouvant les Russes sur la grande route! Cependant il crut que ce n'était qu'un faible détachement, et s'efforça bravement de se faire jour l'épée à la main. Il n'y parvint qu'en essuyant une perte considérable.

Buonaparte était fort inquiet de Ney; il craignait qu'il ne fût tué ou pris, et l'on assure qu'il dit plusieurs fois : Je donnerais deux millions pour délivrer le maréchal Ney. Ce général sut prendre lui-même ce soin, et l'on s'accorde à dire que, sans lui, l'armée française était toute entière perdue.

On célébra des réjouissances dans le camp de Kutusoff, on distribua aux soldats de la garde russe une multitude de décorations de la Légion d'honneur, conquises sur les malheureux soldats français. Le butin était immense. Les Cosaques se partagèrent les dépouilles d'un grand nombre de provinces. Plusieurs d'entr'eux, même des paysans, avaient tant d'or, qu'ils le donnaient par poignées aux premiers qu'ils rencontraient. Les Cosaques envoyèrent dans les villes qu'ils habitent sur le Don, nombre de charriots remplis d'objets précieux. Cependant les chefs eurent soin de mettre à part l'or et l'argenterie enlevés aux églises, afin de les restituer à ces pieux établissemens.

Telle est la première période de la retraite de l'armée française ; la seconde commence à la bataille de Krasnoï, et finit au passage de la Bérésina.

Il y a une quarantaine de lieues entre Krasnoï et la Bérésina, qui forme la moitié du chemin entre Smolensk et Wilna. Buonaparte, avec sa garde et quelques parcelles de sa grande armée, avait gagné quelque avance sur les Russes, que leurs combats du 17 et du 18 novembre, contre Davoust et le maréchal Ney, avaient retardés ; ils étaient d'ailleurs embarrassés par les difficultés des chemins toujours croissantes. Il commença à respirer plus librement ; la température venant à baisser, fortifia encore ses espérances ; il fit ses efforts pour se joindre aux corps de Victor, de Dombrowsky et du maréchal Oudinot. Ces corps étaient forts de trente-cinq mille hommes, bien pourvus d'artillerie, et n'avaient pas souffert du froid et de la famine aûtant que l'armée de Moscou. Cependant les circonstances étaient pressantes. L'amiral Tchitchagoff s'avançait par la route de Minsk, et le comte Wittgenstein par celle de Tschasnik. L'amiral était à la tête de l'armée du Danube, et après avoir terminé la guerre contre les Turcs, il s'était dirigé vers le Nord. Le comte Wittgenstein, placé sur la Dwina avec trente à quarante mille hommes, tenait en échec les maréchaux Oudinot et Macdonald. Ce général fit dans cette campagne des prodiges d'habileté et de valeur. Dans cinq batailles meurtrières, il repoussa les Français, protégea la Livonie et la route de Pétersbourg. Chassant en quelque sorte devant lui les corps d'Oudinot et de Victor, il arrivait au-devant de Tchitchagoff, et tous deux attaquaient les Français dans leur centre. Tout annonçait la destruction entière de l'armée de Buonaparte ; il semblait que lui-même ne pût échapper, et qu'il dût être pris mort ou vivant.

Buonaparte cependant effectua sa jonction avec les trente-cinq mille hommes dont nous venons de parler ; il opposa le maréchal Victor au comte Wittgenstein, envoya les Polonais à Borisow, contre l'armée du Danube, et jeta le 25 novembre un pont sur la Bérésina, à Sembin. Le découragement était porté au dernier degré parmi les soldats français, dont la moitié était dépourvue d'armes et de munitions : ils tremblaient au seul nom de Russes ou de Cosaques.

Le passage de la Bérésina se fit dès les premiers momens avec une excessive confusion. Les hommes les plus forts passaient sur le corps des plus faibles ; une multitude de ces infortunés tombait dans l'eau, au milieu des glaçons, pour ne plus reparaître. Le comte de Wittgenstein eut une affaire très-vive contre le maréchal Victor ; il coupa la division du général Partouneaux, et la prit toute entière : elle était composée de sept mille hommes et sept généraux. Victor fut ramené battant sur la Bérésina, tandis que Tchitchagoff repoussait Dombrowski sur le principal corps d'armée. Il n'y a pas d'expression assez forte pour exprimer la déroute de l'armée française. La perte de celle-ci fut encore immense. Il ne restait plus à Buonaparte que quarante mille hommes. Le prince de Schwartzenberg, général de l'armée autrichienne, le sauva par un mouvement de flanc, en tenant en échec le corps de Tchitchagoff.

La troisième période de cette fatale retraite comprend depuis le passage de la Bérésina jusqu'à celui du Niémen, et à l'arrivée dans les états prussiens. Cette retraite ne fut plus qu'une fuite désordonnée. Presque tous les hommes se défirent du fardeau inutile de leurs armes ; la plupart n'avaient plus ni bottes, ni souliers ; ils s'enveloppaient les pieds avec de misérables lambeaux d'étoffe. Chacun se couvrait le corps de tout ce qui lui tombait sous la main. L'histoire n'offre pas d'exemple d'une armée réduite à parcourir un si long espace de pays dans une situation aussi déplorable. Si Buonaparte n'eût point été à la tête de son armée, il n'y a pas de doute que le général qui aurait commandé en chef n'eût sauvé cette foule de braves gens par une capitulation qui pouvait encore être honorable. Mais Buonaparte malheureusement ne pouvait fuir seul ; des milliers d'hommes devaient être encore sacrifiés à sa folle ambition.

Ajoutons à cela qu'une convention militaire eût sauvé les troupes restées en de-çà de la Bérésina, et qui n'avaient point encore pris part à cette désastreuse campagne. On compte parmi ces dernières deux superbes régimens de cavalerie de la garde napolitaine que l'on fit partir de Wilna tout exprès pour aller au-devant de l'armée qui revenait de Moscou. Il faisait vingt-deux degrés de froid. A peine sortis des portes de la ville, ces hommes, nés sous un climat méridional, se sentirent frappés par le froid ; plus d'un tiers fut obligé de revenir ayant les mains, les pieds ou le nez gelés. Les autres accompagnèrent Buonaparte dans sa fuite à travers la Pologne, et furent gelés ainsi que leurs chevaux.

Plus le gros de l'armée s'approchait de Wilna, plus la rigueur du froid augmenta, plus le tableau devint horrible. Le général Loison avait amené de Kœnigsberg dix mille hommes, la plupart recrutés en Allemagne ; ils étaient destinés à couvrir la retraite de Buonaparte. En quatre jours, sans avoir livré de combats, ils furent presque anéantis par la gelée et par l'épuisement.

Depuis le 7 jusqu'au 9 décembre, les Français traversèrent Wilna dans la plus effroyable confusion : les rues et les chemins étaient jonchés de morts et de mourans. Avant que les Français eussent évacué la ville, quelques Cosaques se montrèrent sur une hauteur ; les Français, effrayés, prirent la fuite ; il fallut que le prince Berthier arrêtât les fuyards et les contraignît à tenir tête à l'ennemi. Il rassembla enfin, avec beaucoup de peine, soixante grenadiers, et se mit à leur tête, afin de protéger la retraite de l'armée. Ainsi était obligé de payer de sa personne un guerrier qui, pendant tant d'années, s'était vu à la tête de la plus belle armée de l'Europe.

Il n'arriva guère sur le Niemen que vingt-cinq mille hommes, sans chevaux, sans artillerie, sans armes, sans habits, sans souliers; ce n'étaient pas des hommes, mais des spectres; ce n'étaient pas des soldats, mais de misérables mendians.

Buonaparte et ses généraux n'avaient pas encore renoncé à leur ton menaçant : à Gumbinnen et dans les environs, ils firent des réquisitions pour le logement et la nourriture de cent mille hommes de la grande armée; ils fixèrent même les jours où ces troupes devaient arriver, par divisions de vingt-cinq mille hommes chacune. Ils annonçaient qu'ils allaient prendre leurs quartiers d'hiver entre Varsovie, Posen et Thorn, afin de recommencer les opérations dans quelques mois. Lorsque les derniers débris furent arrivés sur la Vistule, le roi de Naples publia un ordre du jour que l'on eut soin de répandre dans toute l'Allemagne, dans l'Italie et dans la Pologne. On y assignait des cantonnemens à chacun des corps de la grande armée, et à leurs divisions respectives ; mais hélas ! tous ces corps, toutes ces divisions n'existaient que sur le papier. On eût dit que, d'un seul geste, Buonaparte pouvait les ressusciter, et faire sortir de terre des milliers d'hommes.

Enfin Buonaparte put quitter son armée sans péril pour lui-même. Il arriva à Paris sans y être attendu, et pendant la nuit. Les mensonges, les adulations lui furent prodigués ; on transforma ses fautes et ses extravagances en preuves de génie. Le vingt-neuvième bulletin fit, il est vrai, un tableau exact de la situation de l'armée ; mais on rejeta tout sur les froids prématurés. On ne dissimulait point la mort de milliers de chevaux, la perte des canons et des bagages ; mais on jetait adroitement un voile sur les pertes immenses que l'armée avait faites de ses plus braves soldats (1) ; on y disait, par exemple :

____

(1) Le déguisement fut poussé jusqu'à éviter de faire connaître la mort du ministre des Etats-Unis, M. Barlow. Cet ambassadeur s'était rendu à Wilna, auprès du duc de Bassano ; il en partit quelque temps avant l'arri-

« Les Cosaques ont pris *nombre d'hommes*
« *isolés,* d'ingénieurs-géographes qui levaient
« les positions, et d'officiers blessés qui mar-
« chaient sans précaution, préférant courir
« des risques plutôt que de marcher *posément*
« dans des convois. »

C'est ainsi que, par la démence et l'aveuglement d'un seul homme, périt en moins de
six mois la fleur de la jeunesse de la France,
de l'Italie, de l'Allemagne et de la Pologne.
Que d'orphelins! que de veuves! que de vieillards restés sans appui!

La Prusse était encore sous l'influence de
l'usurpateur. Il en occupait non-seulement
les forteresses, mais la capitale et toutes les
grandes routes. Le général d'York, qui commandait le corps auxiliaire réuni à l'armée
de Macdonald, sut le premier se soustraire à
un joug odieux. Il se sépara de l'armée fran-

---

vée des troupes françaises, et prit le chemin de la Galli-
cie, afin de revenir en France par Vienne. Il fut attaqué
en route d'une fièvre inflammatoire, et périt dans un
misérable village, par le dénuement des secours les plus
nécessaires. M. Barlow était déjà décédé depuis plus de
trois mois, lorsque les journaux obtinrent la permission
de parler de cet évènement. *(Note du Traducteur.)*

çaise, et conclut une suspension d'armes avec les Russes. Peu de temps après, le roi de Prusse sut recouvrer son indépendance, et il réunit ses troupes à celles de l'empereur de Russie.

CHAPITRE V.

Commencement de la Campagne de Saxe en 1813.

Dès que le roi de Prusse eut la liberté d'agir, il rassembla toutes ses forces disponibles. Le général Blücher eut le commandement de l'armée de Silésie; les généraux d'York, Bulow et Barstel commandèrent d'autres corps d'armée en Prusse et en Poméranie.

Buonaparte, par des motifs qui sont restés cachés, avait tout-à-coup retiré le commandement à son beau-frère le roi de Naples, pour le confier au prince Eugène. Celui-ci abandonna le cours supérieur de l'Elbe, fit sauter le pont de Dresde, brûla celui de Meissen, et se retira par Erfurth, Hoff et Magdebourg.

Le général Blücher se rendit le 1er avril sur l'Elbe; il prit ses cantonnemens entre la Mulde et l'Elster.

Le comte Wittgenstein, ayant sous ses ordres le général d'York, se dirigea vers Wittenberg, le général Borsten vers Magdebourg.

Les généraux Czernicheff , Benkendorff , Dœrnberg et le colonel Tettenborn marchè- rent avec les troupes légères sur le Bas-Elbe , repoussèrent les Français de la rive droite , s'emparèrent de Hambourg, et organisèrent la guerre dans le nord de l'Allemagne.

Le vice-roi d'Italie se rendit à Magdebourg avec son corps d'armée, afin de jeter des vivres dans cette forteresse.

Jusqu'alors, les armées combinées russe et prussienne n'avaient eu affaire qu'aux misé- rables débris de l'armée française de Moscou, fortifiée par la division Grenier et trente mille hommes de la conscription de 1813 , lesquels remplissaient en partie les cadres des deuxième et troisième corps. On apprenait de tous côtés que Buonaparte faisait marcher à la hâte des troupes nouvellement levées, entr'autres les co- hortes dites du *premier ban*. On avait donné à ces troupes, lors de leur recrutement, l'as- surance solennelle qu'elles ne seraient jamais employées hors du territoire de l'Empire. Il ne fut pas difficile d'obtenir des adresses , par lesquelles les officiers et soldats parurent de- mander spontanément à passer le Rhin.

L'armée impériale russe , qui avait pour- suivi sans relâche les Français depuis Moscou , n'avait reçu dans cet intervalle de temps aucun renfort; elle avait été obligée, au contraire, de laisser des corps de blocus devant Dantzick, Thorn, Modlin, Zamosk, Czenstochau et Custrin; un corps d'observation contre le prince Poniatowski, sur les frontières autrichiennes, et des garnisons en Pologne.

Cette armée avait d'ailleurs éprouvé des pertes considérables en 1812. Elle recevait, à la vérité, des secours par la jonction des Prussiens; mais la Prusse n'était pas encore en état de faire de grands efforts. Son assistance était encore dans le futur contingent; les finances de ce pays étaient en outre fort embarrassées.

Tout annonçait qu'enfin la confédération du Rhin serait lasse de fournir, à son soi-disant *protecteur,* des ressources de toute espèce, de sacrifier pour lui ses trésors et sa population; que vraisemblablement elle saisirait la première occasion de se soustraire à une dépendance tyrannique. Les provinces ci-devant prussiennes et l'électorat de Hanovre n'attendaient, en effet, que le signal pour lever l'étendard de l'insurrection.

Toutes les forces disponibles de l'armée russe, qui se trouvèrent sur l'Elbe le 1er mai, jointes aux corps de Blücher, York et Bulow, se montaient à peine à cent mille hommes.

Il se présentait d'abord une question : Laisserait-on cette armée s'étendre sur l'Elbe, depuis les frontières de Bohême jusqu'à Hambourg, tandis que l'ennemi serait maître des forteresses de Magdebourg, de Wittenberg, Torgau et Kœnigstein, et qu'il aurait encore derrière Magdebourg une armée de plus de quarante mille hommes ? Selon toutes les règles de la guerre, l'armée combinée russe et prussienne ne pouvait servir que d'armée d'observation, pour couvrir le blocus et le siége des neuf forteresses ; savoir, Dantzick, Thorn, Modlin, Zamosk, Stettin, Custrin, Glogau, Spandau et Czeustochau.

Fallait-il laisser encore derrière soi quatre autres forteresses, et s'affaiblir par un pareil nombre de blocus ?

Il n'y avait pas de doute que l'armée combinée ne pût s'avancer jusqu'au bord de la Saale ; mais on devait prévoir la possibilité, pour l'armée française, de recevoir des renforts, et de forcer les alliés à une bataille. Dans cette circonstance, les forces n'étaient pas égales, et les alliés avaient sur leurs derrières des forteresses dont les garnisons, en cas de revers, pouvaient leur causer beaucoup d'embarras.

Cependant l'arrivée des renforts français ne paraissant pas encore prochaine, et la délivrance de la Saxe étant du plus haut intérêt pour le salut de l'Allemagne, on résolut de s'avancer entre la Mulde et la Saale. Le temps s'écoula rapidement sans que l'on eût rien fait en Saxe en faveur de la ligue naissante. L'empereur Alexandre et le roi de Prusse arrivés à Dresde, ne voulurent point violer les droits des princes ; ils attendirent de la douceur et de la persuasion ce qu'ils eussent mieux fait peut-être d'arracher par la force.

Le roi de Saxe s'était réfugié dans un pays neutre ; il restait fidèle à son alliance avec Buonaparte, et se reposait avec une aveugle confiance sur la générosité du dévastateur de ses Etats. Le mouvement sur l'Elbe se fit sans utilité pour les Saxons, qui refusèrent de se prononcer, et sans utilité pour le plan de la confédération. Les Français étaient sur le point de réunir cent soixante à cent soixante-dix mille hommes : les armées combinées, réduites à se tenir sur la défensive, ne pouvaient opposer que des forces très-inférieures.

Les deux monarques, enflammés d'un es-

prit chevaleresque, résolurent néanmoins de
tenter le sort d'une bataille. On réfléchit que
les Français étant dépourvus de cavalerie,
rien n'était plus facile que de terminer le
combat quand on le voudrait. D'ailleurs,
l'ennemi n'était nombreux que par ses recrues, qui n'avaient encore aucune expérience
de la guerre.

Dans le courant d'avril, les forteresses de
Czenstochau, de Thorn et de Spandau se rendirent ; les forces qui avaient servi à en faire
le siége devinrent libres.

On fut informé, sur ces entrefaites, que le
maréchal Ney s'avançait par la route de Francfort sur Wurtzbourg ; que le prince Eugène
avait pris position à Aschersleben, et qu'une
autre armée française se montrait sur la route
d'Eisenach et d'Erfurth. La cavalerie légère
prussienne pénétra jusqu'à Hof et dans les
plaines de la Thuringe, et observa les mouvemens des Français. L'armée du comte de
Wittgenstein se rapprocha de l'Elbe à Dessau,
pour n'être point séparée du général Blücher,
et afin d'observer de plus près le prince Eugène.

Le 15 avril, le corps du maréchal Ney passa
les forêts de la Thuringe , et se concentra, le

(90)

17 et le 18, entre Erfurth et Gotha. Cette manœuvre couvrait la marche du reste de l'armée
française sur Eisenach. Le 22, l'armée française s'empara du défilé de la Saale à Iéna,
et, le 25, elle arriva à Kœsen. Chaque jour il
y eut des escarmouchés, dans lesquelles la
cavalerie française se battit bravement. Les
chevaux étaient pourtant presque tous à *courte-
queue,* c'est-à-dire nouvellement recrutés par
voie de réquisition, parmi les chevaux de luxe.
L'armée du prince vice-roi côtoya la Saale
pour se réunir à l'armée principale.

Lorsque le prince Eugène eut effectué sa
jonction avec l'armée de Buonaparte (1), une
partie de celle-ci remonta la Saale à Kœsen,
et repoussa jusqu'à Weissenfels la cavalerie
légère des alliés.

____

(1) Des personnes mal informées prétendent qu'on
aurait dû se hâter d'attaquer le prince Eugène à Aschersleben. Si l'on avait eu la certitude que le vice-roi se laissât
surprendre à Aschersleben par des forces supérieures,
on aurait pu renoncer au principe de ne pas se mouvoir
sur une ligne occidentale, de Bernbourg à Asch; mais
le vice-roi n'aurait-il pas eu tout le temps de se retirer
au nord, par les montagnes du Hartz? Les alliés auraient été obligés de rétrograder pour rétablir leurs
communications avec Dresde. *(Note de l'Auteur allemand.)*

Le plan des Français était désormais évident. Ils s'acheminèrent en deux colonnes sur Leipsick. L'armée combinée était disposée dans l'ordre suivant :

Le comte Wittgenstein était à Delitsch; le général Kleist à Halle ; le général d'York à Skeuditz; le général Winzingerode à Leipsick; le général Blücher à Altenbourg; le général Miloradowitz à Chemnitz; et ce qu'on appelait la *grande armée*, composée des grenadiers de la garde russe et de tous les régimens de cuirassiers, se mettait en marche de Dresde vers Rochlitz.

Le général Blücher crut devoir, dans ces circonstances importantes, remettre le commandement au général russe, comte de Wittgenstein. Celui-ci ordonna un mouvement de concentration. Le 30 avril, toute l'armée se porta sur Leipsick, l'aile droite et l'aile gauche séparées seulement par une marche. Le même jour, le général Winzingerode fit faire une reconnaissance du côté de Lutzen , et l'aile droite de l'armée fila vers Leipsick.

Le premier mai, l'armée française arrivant sur Lutzen, engagea une vive canonnade avec le général Winzingerode, qui se retira subitement. Jusqu'à ce jour il ne s'était montré aucun parti ennemi sur les routes de Zéitz et de Pégau. Le commandant en chef en conclut que l'armée française marcherait le lendemain sur Leipsick ; il résolut de tomber sur son flanc droit, et, si cela était possible , sur ses derrières.

On se mit en marche le premier mai ; toute l'armée, à l'exception de la division Kleist qui resta à Leipsick, et de la division Milorado-witz, qui se porta d'Altenbourg sur Zeitz, se dirigea sur Pégau et les gués les plus proches de l'Elster, où elle se déploya.

A onze heures du matin l'armée se trouva en ordre de bataille ; la droite appuyée à Wer-ben , la gauche à Domsen. Un maraudeur fait prisonnier rapporta que la division française Souham était au bivouac à Gross-Gœrschen , et que plusieurs autres corps se trouvaient en arrière. Quelques officiers allèrent en recon-naissance ; ils découvrirent en effet le bivouac qui était dans la plus entière sécurité , sans avant-postes et sans patrouilles.

On aperçut aussi de la poussière et la fumée de quelques canons du côté de Leipsick , près d'Alt-Rannstaedt. On en conclut que l'armée française était en marche sur Leipsick , et qu'on n'aurait affaire qu'à un corps isolé destiné à couvrir la marche de Weissenfels sur Lutzen. Le général comte Wittgenstein donna l'ordre d'attaquer de front le bivouac à Gross-Gœrschen, et de faire avancer la réserve de cavalerie prussienne sur l'aile gauche à Rahno, afin que si l'ennemi se retirait de Gross-Gœrschen à Kaya, l'artillerie légère de cette réserve jetât le désordre dans cette troupe, et secondât les charges de la cavalerie.

La réserve prussienne se mit en mouvement : une batterie russe de douze pièces de douze et une batterie prussienne de pièces de six, jouèrent à-la-fois contre le bivouac. Les Français répondirent avec une seule batterie, qui fut bientôt prise en flanc par deux batteries prussiennes composées de pièces de six. Les artilleurs français ayant eu trois de leurs canons démontés, battirent en retraite, et il ne resta que de l'infanterie dans le village de Gross-Gœrschen.

La cavalerie de réserve étant arrivée près de Rahno, essuya le feu des batteries des hauteurs de Kaya, et elle emmena ses pièces. On aperçut depuis Weissenfels jusqu'à Poserna, des tourbillons de poussière ; bientôt après une colonne ennemie parut près de Kolzen, et la cavalerie prussienne eut avec elle un engagement.

Pendant que la cavalerie, par le changement des circonstances, ne pouvait plus remplir sa première destination, le général comte
Wittgenstein attaqua le village de Gross-
Gœrschen avec de l'infanterie; on employa
pour cet objet quelques bataillons prussiens.
Malgré la valeureuse résistance de l'infanterie
française, le village fut enlevé; en même
temps les Français garnirent de troupes le
petit Gœrschen et Rahno.

On les délogea de ces villages; mais ayant
reçu des renforts sur les hauteurs de Kaya,
les Français reprirent les trois positions.

L'armée combinée avait fait halte devant
Gross-Gœrschen; elle soutint les divisions
d'infanterie qui étaient engagées jusqu'à ce
que les villages eussent été définitivement enlevés. Ces combats d'infanterie à Kaya, à
Rahno, au grand et au petit Gœrschen, durèrent six heures consécutives. A l'aile gauche, l'artillerie légère de la cavalerie de réserve échangeait des boulets contre les batteries de Kaya, tandis que la cavalerie russe,
commandée par le général Winzingerode, se
déployait sur Koltzen et Pobles, et tenait vigoureusement tête aux colonnes qui voulaient
s'avancer.

Dans l'intervalle, les Français avaient reçu des renforts et chassé l'infanterie prussienne des villages incendiés de Gross-Gœrschen et de Rahno. Trois bataillons des gardes prussiennes et une partie de la division de Berg n'avaient pas encore donné ; on apprit alors que la grande armée russe venait d'arriver sur le champ de bataille.

La garde prussienne s'avança sur Gross-Gœrschen et Rahno ; quelques bataillons russes eurent ordre de soutenir avec une batterie l'aile droite de cette garde. Les derniers bataillons disponibles de la réserve prussienne s'approchèrent de Rahno ; une batterie prussienne prit position entre Rahno et Gross-Gœrschen : alors s'engagea un combat terrible dans lequel les Français ne montrèrent que de l'infanterie.

Cette infanterie, menacée par un régiment de uhlans prussiens, se forma en carré : alors le dixième régiment de chasseurs à cheval français essaya une attaque du côté de Rahno ; mais il échoua dans cette tentative. Le carré fut presque rompu par le feu de l'artillerie et des petites armes ; une charge de cavalerie acheva d'y mettre le désordre. Les débris de l'infanterie se jetèrent dans le village de Kaya, dans les bois environnans , et derrière un canal.

Déjà les Français abandonnaient Kaya après l'avoir livré aux flammes, lorsqu'ils reçurent des renforts sur leur gauche ; ils repoussèrent à leur tour les alliés ; et sous la protection d'une formidable artillerie, manœuvrèrent sur le grand et le petit Gœrschen. Sur la droite des alliés, le général russe, prince de Wurtemberg, s'avança avec quelque infanterie vers Eisdorf, afin de déborder l'ennemi : là fut engagé un combat opiniâtre.

Le jour était fort avancé : les généraux alliés pensent que si dans ce moment la garde russe eût chargé pour seconder les bataillons qui étaient aux prises avec l'ennemi, on eût sans doute repris Kaya, ou tout au moins regagné le terrain jusqu'au canal ; mais la garde russe était encore fort en arrière : on prit donc le parti de se maintenir devant Gross-Gœrschen, de compléter les munitions pendant la nuit, et de recommencer au point du jour. La canonnade se prolongea fort avant dans la nuit.

A la chute du jour, une partie de la cavalerie des alliés, placée sur la gauche, se reposa pour donner aux hommes et aux chevaux le temps de prendre des alimens. Une partie du deuxième régiment des hussards prussiens de la garde, qui formait la première ligne, n'avait point d'avant-postes : la cavalerie française, qui probablement n'avait eu d'autre objet que de faire une reconnaissance, tomba à l'improviste sur une position si mal gardée, et mit cette cavalerie en déroute. Le général Blücher prit aussitôt avec lui la réserve de cavalerie prussienne, marcha contre les Français, et chargea dans l'obscurité un corps d'infanterie qui avait de l'artillerie avec lui. Les cavaliers prussiens ne se servirent presque pas de leurs sabres, les Français s'étant retirés aux premiers coups de carabines (1).

Dans cette journée les alliés prirent cinq à six canons, plusieurs caissons, et firent un grand nombre de prisonniers. Ils ne perdirent, quant à eux, ni artillerie ni prisonniers, si l'on en excepte les blessés qui restèrent à Gross-

---

(1) Les prisonniers et les déserteurs ont rapporté, par la suite, que cette charge nocturne avait été prise par les Français pour un mouvement général de l'armée combinée, et avait déterminé la retraite entière de leur aile droite sur Weissenfels. *(Note de l'Auteur allemand.)*

7

Gœrschen au pouvoir de l'ennemi. La perte en hommes tués ou blessés fut, du côté des Prussiens, de huit mille hommes, et deux mille du côté des Russes. La cavalerie prussienne ayant été long-temps exposée au feu de l'artillerie, perdit beaucoup d'hommes et un plus grand nombre de chevaux.

Pendant qu'on se battait à Kaya avec le plus grand acharnement, le général Kleist fut informé que les Français occupaient Leipsick : suivant ses instructions, il revint à Wurtzen.

A dix heures du soir le commandant de l'artillerie russe fit savoir que ses munitions étaient épuisées, et que ses parcs étaient trop éloignés pour qu'il pût les renouveler avant le lendemain : cette circonstance, jointe à la prise de Leipsick, décida le commandant en chef à ordonner la retraite (1).

L'armée combinée se retira donc lentement

---

(1) Ces détails diffèrent très-peu du bulletin français. L'évènement fut tel, que de part et d'autre on s'attribua la victoire, et l'on chanta des *Te Deum*. Cependant, il est certain que les alliés furent contraints à la retraite, et perdirent tout le fruit de leur invasion en Saxe. Ils ne purent cette fois parvenir à faire insurger les habitans. *(Note du Traducteur.)*

et en bon ordre sur Pégau : les Français l'y
suivirent le lendemain matin. Ce jour-là, qui
était le 3 mai, les Prussiens occupèrent Borna,
et les Russes Frohbourg.

CHAPITRE VI.

Batailles de Bautzen et de Würschen.

La perte des Français, dans la bataille de Lutzen et Gross-Gœrschen, avait été considérable ; ils avaient chèrement acheté l'avantage de voir s'effectuer le mouvement rétrograde de l'ennemi. Le maréchal Bessières, l'un de leurs meilleurs généraux de cavalerie, fut tué dès le commencement de l'action.

Les alliés perdirent aussi de très-bons officiers, entr'autres le prince Léopold de Hesse-Hombourg et le général russe Kanonieczyn. Le bulletin russe avoue que, pendant dix heures, les Français n'ont pas cessé de faire pleuvoir sur les alliés une grêle de balles, de boulets, de mitraille et de grenades.

Voici la manière remarquable dont se termine un des rapports prussiens.

« LL. MM. l'empereur et le roi, ainsi que
« S. A. R. le prince héréditaire de Prusse, que
« le bulletin français dit blessé, se portent
« très-bien. Il en est de même de tous les

« princes de la maison royale. S.A.S. le prince
« de Mecklenbourg, que le bulletin français
« a fait mourir de la mort des héros (1), se
« porte très-bien.

« Ces nouvelles de mort paraissent découler
« de la même plume véridique qui transporta
« le 2, à cinq heures du soir, Napoléon sur la
« même colline où LL. MM. l'empereur de
« Russie et le roi de Prusse s'étaient trouvés
« au commencement de la bataille de Lutzen.
« Ce fait est tout aussi éloigné de la vérité,
« que l'armée française l'était de cette colline. »

Les alliés donnent encore pour motif à leur
retraite, non-seulement l'occupation de Hall
et de Leipzick, mais l'hésitation du roi de
Saxe.

« Ce fut alors, disent les rapports officiels,
« que l'on apprit la nouvelle désastreuse que
« le roi de Saxe, balançant de nouveau, re-
« nonçait au sage système de l'Autriche, ou-
« vrait Torgau à l'ennemi, et livrait son peuple

---

(1) Il est très-probable que l'on aura confondu le
prince de Mecklenbourg avec le prince de Hesse-Hombourg ; mais, du moins, l'erreur aurait dû être réparée.
(*Note du Traducteur.*)

« à la honte, en armant des Allemands contre
« des Allemands, et contre les nations qui
« combattent pour l'indépendance de l'Alle-
« magne.

« Cette circonstance engagea les alliés à
« abandonner la partie moyenne de l'Elbe, et
« à concentrer toutes leurs forces auprès de
« Bautzen.....

« Cependant l'ennemi manœuvre sur Berlin.
« La bataille qui lui sera livrée aux sources de
« la Sprée (du côté de Bautzen), nous ven-
« gera de ses intentions contre la capitale de
« la monarchie : cette bataille, et la résistance
« qu'il trouvera sur le Havel (1), feront échouer
« ses projets, ou lui prépareront le même sort
« qu'il a éprouvé à son invasion en Prusse. »

Depuis le 4 jusqu'au 8 mai, les alliés se retirèrent sur Elbe sans être inquiétés dans leurs
mouvemens. Les ponts de Dresde et de Meissen furent brûlés ; mais les Français avaient un
libre passage à Torgau et à Wittemberg.

Les généraux alliés tinrent conseil. De-

---

(1) Cette rivière se jette dans le Bas-Elbe : on veut
parler ici de la position qu'occupait le prince royal de
Suède. *(Note du Traducteur.)*

vaient-ils attendre l'ennemi sur l'Elbe ? Devaient-ils, au contraire, s'en éloigner, afin de se rapprocher des nouveaux renforts ? Le premier parti ne paraissait pas susceptible de grands inconvéniens. Si cependant les Français réussissaient à passer l'Elbe, comment l'armée combinée, déployée sur un vaste terrain, ferait-elle pour se concentrer sur un point qui devrait être au moins à dix ou douze milles de l'Elbe ? Le choix de ce point de concentration n'était pas lui-même sans difficulté. La politique n'exerçait pas, à cet égard, moins d'influence que les règles de la guerre.

L'Autriche avait accepté le rôle de médiatrice ; son vœu, fortement exprimé, était de procurer à l'Europe une paix durable.

Les armemens de l'empereur d'Autriche ne pouvaient porter aucun ombrage aux alliés ; il était vraisemblable, au contraire, qu'il se déclarerait pour eux lorsqu'il aurait eu le temps d'augmenter ses forces, et qu'elles pourraient agir sur un théâtre d'opérations plus favorable. Pour lui procurer cet avantage, les alliés eurent soin d'empêcher que l'armée française ne se plaçât entr'eux et les Autrichiens. Tel fut le principe de leur conduite après le passage de l'Elbe.

Il fut, en conséquence, résolu que toute l'armée se réunirait au camp de Bautzen. Les Prussiens avaient le corps de Kleist à Grossen-hayn et à Camenz; ils venaient de recevoir de la Silésie quatre mille hommes de troupes fraîches, et, par-là, se trouvaient plus forts qu'à la bataille de Gross-Gœrschen.

L'armée russe attendait le corps de Barclay de Tolly, qui avait fait le siége de Thorn, et le corps d'observation du grand duché de Varsovie, sous les ordres du général Sacken. Ces renforts étaient en route, et suivis d'une grande armée de réserve, commandée par le général Labanoff. Mais de toutes ces troupes, il n'y eut que le corps de Barclay de Tolly qui put arriver à Bautzen vers la mi-mai; le reste était encore éloigné de trente marches.

Il aurait peut-être été important, dans ces conjonctures, d'éviter une bataille, de laisser avancer encore l'ennemi de quinze marches, et de fondre sur lui avec toutes ses forces; mais on conçoit combien il répugne à de braves soldats, à une armée qui se régarde comme victorieuse, de se retirer ainsi sans coup-férir; et d'ailleurs, une pareille retraite eût pu faire une impression fàcheuse sur la haute-puissance (l'Autriche) dont on attendait les secours. La bataille fut donc décidée ; on comptait, à tout évènement, sur le nombre et la force de la cavalerie pour mettre fin au combat, dès qu'on le jugerait convenable, et se retirer en toute sûreté.

Ce fut dans ce dessein que le 12 mai l'armée combinée prit toute entière position à Bautzen, laissant une arrière-garde à Bischofswerda et au couvent de Marienstern. L'aile gauche était couverte par des redoutes ; les villages de Baschütz et d'Ienkowitz furent mis en bon état de défense. L'aile droite se forma sur des hauteurs entre Pliskowitz et Kreckiwitz ; elle s'appuya aux marais qui s'étendent de Preilitz à Malschutz.

Tant que la rive gauche de la Sprée demeura au pouvoir de la cavalerie des alliés, l'aile droite n'eut rien à craindre ; mais lorsque les Français ayant forcé le passage de Klix, purent déborder cette aile droite par Preilitz et le petit Bautzen, ou, en faisant un grand tour, par Baruth et Würschen, il fallut changer de position.

Le corps de Barclay de Tolly eut ordre de se joindre à l'extrémité de l'aile droite et de prendre aux moulins à vent de Gleima une position d'où l'aile droite pourrait facilement s'étendre jusqu'aux hauteurs de Baruth. Le 16 et le 17 mai le corps de Barclay de Tolly arriva, et procura aux alliés une force supérieure de vingt mille hommes à celle qu'ils avaient à Gross-Gœrschen. Après différens combats peu décisifs, l'arrière-garde fut ramenée à Bautzen.

Buonaparte avait fait rétablir le pont de Dresde; il y avait passé le 12 mai, et s'était présenté devant Bautzen avec une armée dont les forces n'étaient pas connues. Il était parfaitement à couvert et dans une position formidable.

On conçoit bien que Buonaparte en voyant les alliés s'éloigner de l'Elbe, ait fait dire au rédacteur de ses bulletins, que l'armée combinée *se retirait derrière l'Oder* (1). En effet, les premiers mouvemens des corps français sur la droite de l'Elbe eurent lieu dans cette supposition. Les corps qui avaient passé à

---

(1) Buonaparte annonçait alors, dans ses bulletins, la prochaine conclusion d'un armistice, sous la médiation de l'Autriche. Il semble que de part et d'autre on ait voulu tenter d'abord le sort d'une bataille, afin de mieux s'assurer par la victoire des dispositions du cabinet autrichien. *(Note du Traducteur.)*

Dresde, Meissen, Belgern et Torgau, se dirigèrent sur les routes qui conduisent à l'Oder.

Lorsque les Français reconnurent que les alliés faisaient halte à Bautzen, ils changèrent de dispositions et se préparèrent à livrer bataille.

Le 18 les alliés surent que le cinquième corps de l'armée française marchait sur Hoyerswerda, et qu'il était suivi du troisième corps.

On acquit par là la certitude que l'armée française n'était pas encore réunie : on crut donc devoir attaquer la partie qui se présentait devant Bautzen pour effectuer sa jonction. En conséquence il fut décidé que l'on attaquerait le cinquième corps pendant qu'il était en marche. Le général Barclay de Tolly et le corps d'York firent leurs dispositions. Le 19, le premier prit à l'ennemi dix canons et fit mille prisonniers.

Le général d'York, qui marchait à droite sur une autre colonne, rencontra les Français à Welssig, mais les trouva trop supérieurs en nombre ; c'étaient le troisième et le cinquième corps qui s'étaient joints. Le général d'York soutint le combat jusqu'à la nuit ; alors les deux généraux laissant leur cavalerie, qui les rejoignit le lendemain , rétrogradèrent sur la Sprée.

Le 20 à midi, les Français attaquèrent l'avant-garde des alliés à Bautzen. On ne voulut pas engager une affaire trop sérieuse, mais en quelque sorte mesurer ses forces pour une action décisive. Le général Miloradowitz voyant l'ennemi réunir tous ses efforts pour l'attaque de Bautzen, lui abandonna cette position.

Le général de Kleist , qui avait pour lui l'avantage du terrain, et qui n'était pas aussi éloigné que le général Miloradowitz du principal corps d'armée, engagea une vive canonnade et un feu de tirailleurs bien nourri , le long de la Sprée. Les Français firent descendre beaucoup d'infanterie des hauteurs de Gross-Welka, puis ils canonnèrent la cavalerie alliée jusqu'à ce qu'elle eût passé le défilé de Nied-Gurig.

Si le général de Kleist n'était pas soutenu , il devait nécessairement changer de position. Il était cinq heures du soir ; ce combat n'était qu'une sorte de prélude à la bataille du lendemain : il n'eût pas été prudent d'abandonner trop tôt à l'ennemi la position occupée par l'avant-garde, lorsqu'on avait sur lui l'avantage du terrain. Le général Blücher envoya en conséquence au général Kleist trois mille hommes d'infanterie, et fit garnir d'infanterie et d'artillerie les défilés de Nied-Guritz, afin d'empêcher les Français de déboucher par là. Ils établirent cependant une batterie et firent un vigoureux effort, mais furent repoussés. Le général Kleist se maintint sur les hauteurs jusqu'à la nuit, et se trouva pris en flanc sur son aile gauche par les troupes qui avaient défilé de Bautzen.

Alors il se retira en bon ordre : l'infanterie ennemie se préparait à le poursuivre avec vivacité ; mais le général Kleist la fit contenir par le régiment des hussards de Grodno.

Le résultat de cette journée fut que l'on abandonna à l'armée française les hauteurs qu'avait occupée l'armée combinée, dès que l'ennemi parut vouloir sérieusement les attaquer.

Dans la nuit du 21 au 22 mai, l'empereur Alexandre fit à Klein-Purschwitz des dispositions pour le jour suivant. Le général d'York et le général de Kleist furent placés au centre à Litten.

Dès le point du jour les Français se présentèrent aux défilés de Nied-Gurig. Dans le même temps ils attaquèrent la gauche des alliés.

L'artillerie, placée derrière des retranchemens, avait reçu l'ordre de ne faire qu'une
seule décharge, et de ne point engager une
canonnade. On tira à mitraille sur les premières colonnes d'infanterie, et elles s'arrê-
tèrent aussitôt. Pour couvrir d'autant mieux
l'aile gauche, on avait placé une batterie russe
sur le revers des montagnes où les Français
étaient arrivés la veille.

Sur ces entrefaites, l'avant-garde de Barclay de Tolly, vivement pressée à Klix, fut
ramenée battant à Gottamende. La position
du général Barclay, aux moulins à vent de
Gleina, fut par là démasquée ; les Français
reformèrent leurs colonnes à Dressa, au moment où leur avant-garde allait faire sa retraite. Leur infanterie était tellement supérieure à celle du général Barclay, qu'il eût été
impossible de faire une longue résistance : à
neuf heures du matin les moulins furent attaqués et évacués. Le général Barclay se retira
sur Baruth, et fut vivement poursuivi jusqu'à
Preilitz.

Il avait été convenu qu'en cas de retraite,
le général Barclay se porterait sur Weissenberg.

Tant que le général Blücher ne se trouva

pas lui-même fortement engagé, il put disposer de sa réserve sous les ordres du général de Rœder. Il lui donna l'ordre d'appuyer le général Barclay et de reprendre Preilitz, puis de laisser la défense du village à l'infanterie russe, et de retourner à son poste.

Le général de Kleist sortit, dans le même dessein, de sa position du centre. Le général Barclay, bien secondé, repoussa l'ennemi; la garde prussienne reprit le village de Preilitz, qui malheureusement en cette occasion devint la proie des flammes; il était alors une heure du matin.

Lorsqu'on eut remarqué au centre de l'armée française que sa gauche perdait du terrain, on amena par le défilé de Nied-Gurig des batteries sur les hauteurs de Krekwitz. Les villages de Pliskowitz et de Doberschitz furent attaqués avec impétuosité. Le corps de Blücher se vit exposé à des batteries placées derrière les étangs, entre Preilitz et Malschwitz; il était pris en flanc, sur sa gauche, par la batterie de Basankwitz. Vingt-quatre pièces de canon de 12 firent un effet terrible; mais on tira avec tant de promptitude, que les munitions furent bientôt épuisées. Les Français sortirent en colonnes par le défilé de

Nied-Gurig, malgré la résistance de la brigade de Klux ; ils s'emparèrent aussi des villages de Kliskowitz et Kreckwitz.

Il devenait dès-lors indispensable de rappeler toute la réserve de Rœder, sans quoi
l'on eût été écrasé dans ce combat inégal ;
seize bataillons se portaient, en plusieurs colonnes, de Bautzen sur Kreckwitz.

La réserve de Rœder était encore engagée
aux environs de Preilitz ; elle ne put revenir
à temps. Le général Blücher se résolut à quitter les hauteurs de Kreckwitz et à se retirer
par Gross - Purschwitz : les troupes marchèrent en bon ordre et sans éprouver aucune
perte. Lorsque le général Blücher eut dépassé
Gross - Purschwitz, il apprit que le général
d'York s'avançait à son secours, et que l'aile
gauche des alliés avait repris l'offensive : dans
cette intention, le général d'York avait occupé Kreckwitz, et fait prisonnier un bataillon de Wurtembergeois.

Si l'on eût su cela une demi-heure plus tôt,
on eût conservé les hauteurs de Kreckwitz ;
mais déjà les Français les avaient hérissées
d'artillerie ; l'on n'eût pu les reprendre qu'avec
de l'infanterie, et les alliés évitaient, autant
qu'il était possible, les occasions où leur ca-

valerie ne pouvait donner. L'armée combinée se détermina donc à une retraite qui commença en bon ordre vers trois heures après-midi. Le général Barclay se porta de Groeditz sur Weissenberg : l'aile droite, toute composée de Prussiens, suivit la chaussée de Weissenberg ; l'aile gauche prit la route d'Hochkirch et de Lœbau.

Les Français poursuivirent les deux colonnes jusqu'à Würschen et Hochkirch ; la bonne contenance de l'arrière-garde leur fit prendre le parti de s'arrêter.

L'aile droite bivouaqua derrière Weissenberg ; l'aile gauche derrière Lœbau.

Le lendemain, 22 mai, l'on continua de marcher sur deux colonnes ; l'aile droite se porta par la grande route de Weissenberg à Reichenbach ; l'aile gauche suivit le chemin de Menzelsdorff, Kœnigshayn, Ebersbach et Ludwigsdorff, où elle passa la Neiss et établit ses bivouacs.

L'aile gauche marcha par la grande route à Reichenbach, et fit halte derrière Gœrlitz.

A Reichenbach il y eut une affaire d'*arrière-garde très-chaude, mais nullement décisive.* On a su depuis que Buonaparte s'y était trouvé en personne, et que le grand-

maréchal du palais, Duroc, y avait été tué (1).
Dans ce même jour, les Français montrèrent pour la première fois leur cavalerie,
qui fut taillée en pièces par les Russes (2),

---

(1) Je fais observer à mes lecteurs une contradiction
fort remarquable, entre les rapports des alliés et les
nôtres. Selon les bulletins du Moniteur, les combats de
Bautzen auraient été peu importans, même peu san-
glans, et l'action *décisive* aurait eu lieu à Würschen.
Selon les alliés, ce dernier engagement n'était qu'une
affaire d'arrière-garde, et la retraite était d'avance décidée. Voilà pourquoi les Prussiens appellent cette affaire
bataille de Bautzen, et les Français *bataille de Würschen*. Ce qui est certain, c'est que le maréchal Ney
avait tourné les retranchemens ennemis par une manœuvre fort hardie, dont la gloire appartient à lui seul,
et que les alliés n'avaient plus aucun intérêt à défendre
les lignes de Würschen. Il est certain aussi que Duroc a
été tué, non pas dans un combat, mais au moment où il
marquait les quartiers de Napoléon, pour la halte de la
nuit. Le boulet lui enleva une partie des entrailles, et
Duroc ne put prononcer un mot. Ainsi la conversation
pathétique, dont on a trouvé dans le bulletin un récit
aussi détaillé que si elle eût été *sténographiée*, manque
non-seulement de vérité, mais de vraisemblance.

(Note du Traducteur.)

(2) Je crois qu'ici il vaut mieux croire le bulletin
français, qui dit que cette charge de cavalerie fut peu
sanglante, et que Buonaparte ménageait le plus possible

si l'on en croit les rapports de ceux-ci. Cependant le combat étant devenu opiniâtre, les alliés durent céder au nombre, et se faire soutenir par leur cavalerie de réserve.

Le 23 mai, les ponts sur la Neiss furent détruits, et l'on se remit en marche. L'aile droite se dirigea sur Waldau, et la gauche sur Lauban.

Les Français rétablirent les ponts, et trouvèrent d'ailleurs sur la Neiss plusieurs passages guéables. Le matin, l'arrière-garde de l'aile gauche livra une furieuse canonnade ; mais vers le soir, l'arrière-garde de la droite se replia sur Taubentranke.

Les Prussiens reçurent là un renfort de trois mille deux cents hommes d'infanterie, et cinq cents de cavalerie.

Le 24 mai, l'aile droite marcha en deux colonnes ; la première sur Siegersdorff, la seconde de Naumbourg jusqu'à Buntzlau. L'aile gauche poussa jusqu'à Lowenberg.

---

sa cavalerie *courte-queue*. En effet, s'il eût perdu cette dernière ressource, pas un homme de son armée n'eût repassé l'Elbe. Cette *pointe*, témérairement poussée dans la Lusace et dans la Silésie, était une faute comparable à l'expédition de Moscou. *(Note du Traducteur.)*

Il y eut une canonnade au passage de Siegersdorff. Les Français poursuivirent la droite
des alliés jusqu'à Birkenbrück, mais ils laissèrent tranquillement marcher leur gauche.

Le même jour où l'on entra sur le territoire prussien, l'on commença à mettre en
vigueur toutes les dispositions de l'édit du
landsturm (1). Les intendans de provinces,
les magistrats des villes, les baillis (*schulz*)
des villages abandonnèrent leurs postes ; on
conduisit les troupeaux dans les montagnes ;
tous les magasins de vivres furent abandonnés
à l'armée ou détruits, et il ne resta pas une
ame dans les villages. Chacun fit avec résigna-
tion un douloureux sacrifice, qui seul pouvait
sauver la patrie : il importait beaucoup aux
alliés de gagner du temps, jusqu'à ce que le
cabinet de Vienne eût définitivement pris son
parti.

Le 25 mai, l'aile droite, après avoir fait

---

(1) Ici le bulletin français dit positivement le contraire. Suivant Buonaparte, non-seulement on n'exécuta
en Silésie aucune des mesures ordonnées ; mais, ce qui
est peut-être un peu fort, la police de Berlin enjoignit
aux habitans de se tenir tranquilles dans le cas où les
Français marcheraient sur la capitale.

(Note du Traducteur.)

sauter les ponts, se porta en trois colonnes sur Haynau.

L'aile gauche arriva à Golberg, en laissant une arrière-garde à Lowenberg.

Buonaparte reconstruisit les ponts, et suivit les alliés jusqu'au pays boisé appelé *Thomaswalde*. Il ne se passa rien d'important sur la gauche.

Le 26 mai, vint le moment de faire voir que la retraite de Bautzen n'était, de la part des alliés, qu'une manœuvre concertée d'avance POUR SE PORTER EN AVANT. En effet, au lieu de se rendre de Katzbach à Breslau, on se porta sur Schweidnitz, afin d'y prendre une bonne position, et de communiquer avec les garnisons des places fortes de la Silésie.

Buonaparte n'a pas manqué de parler avec sa jactance ordinaire, de *l'hésitation et de l'incertitude* qui présidait à toutes les opérations des alliés, et de présenter l'occupation momentanée de Breslau comme une importante conquête. Mais il n'a pu se dissimuler à lui-même une vérité fâcheuse, c'est que cette manœuvre des alliés était la répétition du mouvement de Kutusoff sur Kalouga. Pris en flanc, menacé de voir ses communications interceptées, il se hâta, comme on va le voir,

d'acheter sa sûreté par un armistice beaucoup plus utile à ses ennemis qu'à lui-
même.

C'est ici le lieu de parler des opérations du
général Bulow, que Buonaparte avait si *pru-
demment* laissé sur ses derrières. On dirait
que, dans ces trois dernières années, Buonaparte ne s'est pas aperçu de la différence des
localités, qu'il a toujours cru être, soit en Italie, où il se trouvait protégé d'un côté par les
Alpes, de l'autre par la mer, ou dans la vallée
du Danube, où il n'avait qu'à marcher toujours en avant, ayant dans le fleuve lui-même
une barrière irrésistible. C'est sur-tout dans
les pays entrecoupés de plaines et de montagnes que se déploie la science du profond
tacticien, du vrai général.

Après avoir remporté un avantage signalé
à Halle, le jour même de la bataille de Lutzen,
le général Bulow avait repris Halle, s'était emparé d'un obusier, de deux canons, de beaucoup de prisonniers; puis ayant repassé l'Elbe
avec tout ce qu'il avait de troupes disponibles,
il se trouva, le 17 mai, entre Wittenberg et
Berlin. Réuni aux corps de Borstell, de Thümen et aux landwehr, il se voyait désormais à
la tête de troupes considérables. Après s'être

assuré qu'il n'y avait rien à craindre pour le Bas-Elbe, et que trente mille Suédois venaient de débarquer, il se porta sur Bautzen. Le 26, il arriva à Kalau. Ses troupes légères voltigèrent jusqu'à Bautzen et jusqu'à Dresde. Il était resté dans les montagnes aux mines (*Erzgebirge*) des partisans prussiens : les généraux russes Kaisaroff et Emmanuel s'étaient établis dans les montagnes de Saxe à Zwickau, sur les frontières de Prusse et d'Autriche ; ils interceptaient sur les chemins les traîneurs et les courriers français. Le général prince Biron, posté de l'autre côté de la grande route, poussait des partis jusqu'à Gœrlitz et Buntzlau ; enfin sur le Bas-Elbe, le général Czernitchef et le corps de Lützow se hâtèrent de seconder les opérations de la grande armée.

Il était nécessaire de gagner quelques jours, afin de compléter les fortifications et la garnison de Schweidnitz, donner aux troupes quelque repos, et laisser arriver le général Sacken, qui devait passer sous peu l'Oder à Oppeln ou à Brieg. Le mouvement de l'armée combinée sur Schweidnitz, força l'aile gauche à servir comme de pivot, et l'aile droite disparut quelque temps aux yeux de l'ennemi.

Le général Blücher fit avancer l'aile droite

de l'armée en deux colonnes à Liegnitz, plaça la brigade de Zieten pour soutenir l'arrière-garde à Pohlsdorff, et laissa une réserve de vingt-un escadrons, avec trois batteries d'artillerie légère à Baudmannsdorff : le signal de l'attaque devait être l'incendie d'un moulin.

Les Français, qui commençaient d'ordinaire leur poursuite entre dix et onze heures du matin, firent halte ce jour-là jusqu'au soir, et montrèrent tant de circonspection, qu'il ne fut pas possible de les surprendre. S'ils eussent marché comme à l'ordinaire, et fussent arrivés au défilé de Pohlsdorff avant que l'on mît le feu au moulin, il n'y a pas de doute que toute la division Maison eût été hachée (1).

____

(1) Ici je me plais à faire remarquer l'impartialité de mon auteur allemand. Un bulletin prussien, que j'ai sous les yeux, suppose qu'à ce combat de Haynau, les Français furent réellement surpris ; qu'ils furent « atta-« qués à-la-fois de front et des deux côtés ; qu'après « quelque résistance, la moitié de la division Maison, « *qui avait passé le défilé,* fut hachée ou faite prison-« nière. »

Il y a nécessairement de l'exagération dans ce rapport, et, d'après cela, les étrangers ont tort de critiquer le silence de nos bulletins sur le combat de Haynau.

(Note du Traducteur.)

Cependant on remporta une partie des avantages qu'on s'était promis. Les Français, dans leur retraite précipitée, abandonnèrent leur artillerie. Les alliés, faute de chevaux de traits, ne purent emmener que onze canons et quelques caissons. Les Français perdirent seulement trois cents prisonniers : on ne connaît pas le nombre de leurs morts. Les Prussiens et les Russes n'eurent que soixante-dix hommes tués ou blessés.

Les Français furent poursuivis à leur tour pendant la nuit, sur Haynau et Michelsdorff. L'aile gauche des alliés fit halte.

Le 27, l'aile droite des alliés se mit tranquillement en marche, et alla bivouaquer à Mertschütz, sans que les Français se fussent aperçus de ce mouvement. L'aile gauche s'approcha de Jauer, et les alliés se trouvèrent de rechef dans une attitude imposante.

Le 28, l'armée marcha derrière les sources de Striegau, l'aile droite appuyée à Sara, l'aile gauche à Striegau.

On apprit alors que l'évacuation des magasins de Breslau n'était pas encore achevée. Le colonel de Mutius reçut ordre de protéger les convois avec sept escadrons.

Les Français paraissaient si peu s'attendre

à la manœuvre sur Schweidnitz, que pendant quelques jours ils demeurèrent aussi incertains sur les mouvemens de l'armée combinée, que sur la route qu'eux-mêmes devaient tenir. Ils se contentèrent de pousser de fortes reconnaissances sur Jauer et Mertschütz.

Le 31 mai, les alliés s'établirent dans leur camp de Schweidnitz.

Les Français, avant même les combats de Bautzen, étaient entrés en pourparlers. Le 26 mai, ils demandèrent positivement une suspension d'armes. Beaucoup de motifs militaires et politiques faisaient désirer aux alliés *un armistice qui ne fût pas d'une longue durée.* En effet, les levées en masse n'étaient pas complètement achevées dans la Prusse ; les Russes attendaient encore des renforts, et sur-tout des munitions ; deux batailles les avaient singulièrement épuisées.

L'empereur Alexandre et le roi de Prusse nommèrent pour négociateurs les généraux Schouvaloff et de Kleist.

On convint préalablement d'une suspension d'armes de trente-six heures, qui devait ensuite être dénoncée douze heures d'avance. Cette suspension ne commença que le 1er juillet à quatre heures du matin.

Le 31 mai, le général Schuler fut vivement attaqué à Lissa, et, conformément à ses instructions, dut se retirer. Il perdit Breslau, et marcha sur Ohlau. Les Français entrèrent à une heure du matin avec quelques milliers d'hommes dans la capitale de la Silésie. Les alliés, contrariés par cet évènement imprévu, firent de l'évacuation de Breslau, une condition *sine quâ non*.

Pendant les négociations, qui durèrent jusqu'au 4 juin, le général de Bulow fit savoir qu'il avait attaqué l'ennemi le 27 à Hoyers-Werda, mais que l'ayant trouvé trop fort, il avait marché sur Cottbus.

Après la conclusion de l'armistice, le général Bulow annonça qu'il s'était porté sur Lucka. Attaqué par l'ennemi, il s'était retiré, après un combat de dix heures, sans éprouver une perte trop sensible. Les faubourgs de Lucka et un tiers de la ville avaient été sacrifiés à la sûreté de son corps d'armée : les flammes les avaient dévorés.

Le géncral Czernitcheff avait passé l'Elbe à Ierichau, et s'était porté sur Halberstadt.

Le général Woronzow ayant aussi traversé ce fleuve, avait surpris des cuirassiers français, et fait prisonniers un général de division et trois cents hommes. Il avait remporté un avantage encore plus considérable non loin de Leipsick.

Dans le même temps, le capitaine de cavalerie de Colomb parcourait les routes d'Iéna, de Géra, de Plauen, de Dusden; il interceptait par-tout des détachemens isolés, des convois de vivres, de munitions et d'artillerie. Ce que cette guerre offre de remarquable, c'est que, pendant la suspension d'armes, la Saxe ne cessa d'être traversée dans tous les sens par des partisans qui, comme le disent fort bien les bulletins français, faisaient la guerre pour leur propre compte. L'exaltation des esprits, disons mieux, le fanatisme étaient venus au point qu'il ne dépendait plus des souverains de contenir l'ardeur de leurs sujets. Buonaparte, revenu désormais de ses funestes illusions, devait sentir combien il aurait de peine, je ne dirai pas à se porter en avant, mais à maintenir ses communications avec la France, quand même il n'aurait rien à craindre de l'Autriche. C'est dans de telles conjonctures qu'il rejeta avec une obstination puérile toutes les propositions de paix qui lui furent faites. Il envoya à son sénat une protestation contre la cession faite par l'Angleterre de la

Guadeloupe à la Suède , et déclara solennellement qu'il ne signerait aucun traité où l'on
exigerait de lui la cession d'une seule des
provinces réunies au territoire français. L'Illyrie était, à ce qu'il paraît, le seul pays dont il
consentît à faire le sacrifice total ou partiel.
Il voulait bien vendre aussi Dantzick qui ne lui
appartenait pas, mais il voulait conserver
Hambourg , Lubeck , Bremen , Embden et le
duché d'Oldenbourg, cause fatale de sa mésintelligence avec la Russie , possession bien
peu proportionnée avec les sacrifices qu'il fit
pour la conserver Il n'y a pas de doute qu'avec
les trésors immenses que lui coûta la campagne de Russie, on aurait acheté la propriété
territoriale des terres , maisons , villes et villages, non-seulement d'Oldenbourg, mais d'autres pays encore.

Buonaparte avait résolu de tenir incorporées
à son empire colossal, des contrées dont les
mœurs diffèrent absolument de celles de la nation française. Par-tout des autorités françaises
étaient établies; les jugemens se rendaient en
français dans les cours de justice. Les malheureux habitans étaient réduits à s'exprimer devant les tribunaux par le ministère d'interprètes,
dans leur propre patrie, où leur idiome maternel

n'était plus désormais qu'une langue étrangère!

On chercherait vainement, dans les annales de la guerre, des évènemens comparables à ceux de cette campagne.

L'armée combinée livra deux grandes batailles, dont l'une peut être considérée comme une bataille rangée, dont l'autre ne se composa que d'affaires de postes ou de combats partiels. Ces deux batailles furent suivies d'un mouvement rétrograde; mais cette manœuvre même ne fut pas sans gloire. On fit une retraite de quarante-quatre milles d'Allemagne (plus de soixante-cinq lieues de France), sans perdre un prisonnier valide, ni munitions de guerre, ni drapeaux. Buonaparte a prétendu, dans ses bulletins, qu'il n'avait pu prendre de drapeaux, parce que les alliés avaient soin de les tenir sur les derrières. En vérité, une semblable précaution eût fort encouragé les troupes russes et prussiennes! C'eût été donner une belle destination à leurs étendards, à ces signes militaires auxquels les soldats de toutes les nations semblent avoir voué une espèce de culte, à l'exemple des légions romaines!

Si l'on en croit les rapports des alliés, les Français, conservant les apparences de la victoire, auraient cependant perdu, dans cette campagne, huit mille prisonniers, soixante-dix canons, et vingt-quatre caissons.

Les alliés prétendent aussi que leur perte en hommes tués et blessés, fut moindre que celle de l'armée française, parce qu'ils eurent constamment l'avantage de la position, et firent leurs retraites dans l'ordre le plus parfait. On sait que les armées, même victorieuses, perdent souvent plus de monde que les vaincus dans le fort du combat; mais elles prennent leur revanche pendant la déroute : la cavalerie sabre les hommes qui ne gardent plus de rang; l'artillerie écrase les colonnes dispersées. Mais les Français étaient si inférieurs en cavalerie, qu'ils n'auraient pu profiter des avantages les plus signalés, et qu'ils étaient perdus sans ressource en cas de revers. Tel était le plan de campagne mûri par le *génie* de Buonaparte.

Ajoutons à cela que les Prussiens avaient formé un corps formidable de quatre mille tirailleurs. Ces hommes, excellens tireurs, étaient armés de carabines. Embusqués dans des passages difficiles, ils faisaient feu à bout portant sur les colonnes françaises, et disparaissaient en un clin-d'œil, dès que le combat pouvait cesser de leur être favorable.

CHAPITRE VII.

*Reprise des hostilités. — Déclaration de
guerre de l'Autriche.*

L'AUTRICHE, après avoir long-temps balancé
sans doute entre les intérêts évidens de sa politique et des considérations de famille, se
détermina enfin. Elle se ligua avec la grande
confédération européenne, contre le téméraire aventurier qui, répétant le même langage qu'il avait tenu la veille de la bataille
d'Austerlitz, avait osé dire, dans un bulletin
du 3o *mars* 1813, que l'ennemi, fût-il campé
sur les hauteurs de Montmartre, on n'obtiendrait pas de lui la cession de la moindre partie
de ses conquêtes.

La Providence, qui par des voies impéné-
trables le conduisait à sa perte, avait décidé
que le 3o mars de l'année suivante, les alliés
camperaient en effet sur les hauteurs de Montmartre, et trouveraient alors Buonaparte aussi
abattu, aussi soumis, qu'il s'était montré pré-
somptueux dans la victoire.

La fortune parut sourire à Buonaparte dans les commencemens de cette campagne. L'armistice ayant été dénoncé, les hostilités ne pouvaient être reprises qu'au bout de dix jours; mais l'Autriche, qui n'avait point été puissance belligérante, ni par cette raison comprise dans la suspension d'armes, pouvait commencer quand elle le voudrait.

Un grand mouvement s'opéra. Les Autrichiens se préparèrent à entrer en Saxe, par la vallée de Tœplitz, afin de prendre l'armée française par derrière. Buonaparte les prévint, et entra dans la Bohême. Un temps affreux, des chemins détestables retardèrent de part et d'autre les opérations. Cependant les alliés, profitant de l'invasion de Buonaparte dans la Bohême et dans la Lusace, fondirent avec impétuosité sur les corps qui défendaient Dresde sur la rive gauche de l'Elbe, et les repoussèrent dans cette capitale. Dresde fut attaquée avec vigueur, bombardée, et sur le point d'être prise, lorsque deux incidens imprévus changèrent la face des choses.

D'un côté, Buonaparte revint à la hâte avec sa garde, qu'il fut obligé de faire voyager en poste. D'un autre côté, le général Moreau, qui servait comme volontaire dans l'armée des alliés, fut mortellement blessé auprès de l'empereur Alexandre. Cette perte considérable, dans les conjonctures où l'on se trouvait, forçait à elle seule de changer les dispositions déjà prises. Enfin l'armée des alliés, sur la rive droite de l'Elbe, se trouva dans une situation très-critique : elle fut obligée de rentrer en Bohême. Le général Vandamme avait été laissé dans un défilé pour s'opposer à la rentrée des Autrichiens. Il fut enveloppé, et contraint à se rendre, après une bataille meurtrière.

Le général Vandamme, à qui les Allemands en veulent beaucoup, parce qu'il est de Cassel, et qu'on le regarde comme un transfuge, fut abreuvé d'outrages. On a composé en Allemagne une prétendue histoire de sa vie ; en tête se trouve une vignette. Le général est représenté dans un *kibitsch* qui le conduit en Sibérie. Cette brochure est remplie d'allégations qui ne peuvent être vraies. On y dit que le général Vandamme aurait proposé aux alliés, pour prix de sa liberté, de leur faire connaître les prête-noms et les titres d'une somme de *trois cent-cinquante millions* de francs, que Buonaparte aurait placée sur les fonds publics d'Angleterre, etc., etc.

(131)

Le général Moreau explique ainsi le mouvement rétrograde des alliés, dans une lettre qu'il écrivit à sa femme, du village de Laun, immédiatement après la double amputation qui lui fut faite :

« Ma chère amie, à la bataille de Dresde,
« il y a trois jours, j'ai eu les deux jambes
« emportées d'un boulet de canon. *Ce coquin*
« *de Buonaparte est toujours heureux* (1).

« On m'a fait l'amputation aussi bien que
« possible. Quoique l'armée ait fait un mouve-
« ment rétrograde, ce n'est nullement par re-
« vers, mais *par décousu*, et pour se rappro-
« cher du général Blücher. Excuse mon grif-
« fonnage. Je t'aime et t'embrasse de tout
« mon cœur. Je charge Rapatel de finir. »

V. M.

Le héros expira trois jours après ces opérations douloureuses. Le généreux Alexandre donna des larmes à sa mémoire, et écrivit à l'infortunée veuve une lettre qui est aujourd'hui consignée dans une foule d'ouvrages.

-----

(1) Cette phrase soulignée n'existe pas dans toutes les traductions que les feuilles étrangères ont données de la lettre du général Moreau. L'original n'en est pas encore connu. *(Note du Traducteur.)*

A près que les alliés eurent échoué dans leur coup de main contre Dresde, Buonaparte, pour masquer ses projets contre Berlin, et faire une diversion plus puissante, s'avança encore du côté de la Silésie. Les différens corps d'armée qu'il envoya n'eurent point de succès ; il eut même beaucoup de peine à les dégager, et le mois de septembre presque entier se passa en marches et contre-marches, qui ne firent que harasser les troupes sans procurer un résultat définitif.

Quelques personnes pensent qu'à cette époque il était encore question de négociations, et que Buonaparte, ébloui par un succès éphémère, rejeta opiniâtrement toute proposition d'accommodement. M. le comte de Montgaillard, fameux par ses *Révélations* sur les moyens qui furent employés par les agens des princes français pour séduire Pichegru, se propose, dit-on, de publier un ouvrage où il démontrera que Buonaparte n'a agi, en tout cela, que par ses conseils; que lui, M. de Montgaillard, adressait exprès, à l'empereur, des Mémoires pour échauffer son ambition, et lui faire commettre des fautes qui l'entraîneraient à une perte inévitable. M. de Montgaillard parle-t-il sincèrement et sérieusement dans cet écrit ?

(133)

Veut-il, au contraire, comme un autre *bouc
émissaire,* se charger de toutes les iniquités
de son dernier patron? A-t-il trahi les Bourbons? A-t-il trahi Buonaparte? C'est peut-
être ce que les lecteurs impartiaux pourront
décider, en méditant cette singulière compo-
sition (1).

Le 4 octobre, le prince royal de Suède
quitta son quartier-général de Dessau. L'armée
suédoise, les corps de Bulow et de Tauenzien
se rendirent à Rosslau, et le comte Winzingerode prit position à Acken, sur l'Elbe.

L'armée de Silésie, sous les ordres de Blücher, parvint, après une suite d'avantages
marqués, le 3 octobre, à Wartenbourg, au-
dessus de Wittenberg. Le même jour, elle eut
une affaire très-chaude contre le quatrième
corps, commandé par le général Bertrand,
lui prit seize canons, soixante-dix caissons de
munitions, et fit un millier de prisonniers.

Buonaparte, dont la postérité aura peine à
concevoir l'étrange aveuglement qui le retint
à Dresde, partit enfin de cette capitale le 5 octobre, s'arrêta à Wurzen, et montra de l'irré-

____

(1) Cet ouvrage a paru depuis quelques jours.

(Note du Traducteur.)

solution dans ses mouvemens. Si l'on en croit ses bulletins, il ne se détermina à cette marche rétrograde qu'à cause de la défection de la Bavière, et du mauvais esprit qui régnait parmi les Saxons, ses alliés.

Quoiqu'il en soit, il se dirigea avec une armée considérable sur Duben, Dessau et Wittenberg. Il paraissait se proposer d'écraser, par des forces supérieures, l'armée de Silésie, et de l'empêcher de rétablir le pont de Wartenbourg. Ce mouvement était prévu ; l'armée de Silésie se porta de la rive droite de la Mulde sur la rive gauche, et se joignit à Halle avec l'armée du Nord, laquelle se dirigeait sur Rothenbourg et Bernbourg.

Le général français, étonné de cette marche, cessa d'abord son mouvement sur l'Elbe, puis le reprit plus embarrassé que jamais. Il envoya deux corps de troupes devant Wittenberg, et fit attaquer le général Thümen, qui en commandait le blocus (1). Ce général,

---

(1) Que penser des talens si vantés de Napoléon, lorsqu'on lit, dans son bulletin du 26 octobre, que son plan était de revenir sur l'Elbe, et de manœuvrer sur la rive droite de ce fleuve, depuis Hambourg jusqu'à Dresde ? Quel homme de guerre pouvait concevoir un projet aussi insensé ? *(Note de l'Auteur allemand.)*

après une valeureuse résistance, et sans perdre une seule pièce de canon, se retira à Coswig, où il se joignit au général Tauenzien, qui, d'après ses instructions, avait rétrogradé sur la rive droite de l'Elbe.

Les Français, par cette diversion, paraissaient vouloir rejeter sur le fleuve le prince royal de Suède et le général Blücher, afin d'avoir plus de moyens d'agir contre la grande armée qui venait de Bohême, et d'empêcher la jonction de toutes les forces ennemies. Les généraux alliés pénétrèrent ce dessein ; ils suivirent leur plan primitif, de se réunir et de livrer une bataille décisive. En conséquence, l'armée du Nord arriva le 15 à Halle, et le 16 à Landsberg. Buonaparte se concentra à Leipsick, et la grande armée de Bohême se présenta bientôt devant cette ville. A chaque instant, la position de l'armée française devint plus critique.

Le 16, la grande armée fit son attaque à Connewitz. A huit heures du matin, le combat s'engagea sur tous les points par une effroyable canonnade. Les Français déployèrent cent cinquante mille hommes. Plusieurs de leurs colonnes chargèrent le centre et l'extrémité de l'aile droite des alliés.

Au milieu de la ligne de bataille se trouvaient le comte Lauriston avec le cinquième corps, le prince Poniatowski avec son corps d'armée, le duc de Tarente avec trois divisions, le duc de Reggio avec deux divisions, et le général Drouot avec cent cinquante pièces de canon. Le combat fut terrible ; les villages de Liebert-Wolkwitz et de Dœlitz furent plusieurs fois pris et repris. Mais le général de cavalerie, comte Wittgenstein, le lieutenant-général Kleist, et le général autrichien de cacavalerie, Klenau, repoussèrent toutes les attaques des Français, mirent une grande confusion parmi eux, et les contraignirent à la retraite. Le feld-maréchal-lieutenant comte Nostiz se distingua par des charges brillantes, contre une forte masse de cavalerie et plusieurs quarrés d'infanterie. Le corps du prince Poniatowski perdit trois mille hommes dans cette action.

Les Français entreprirent avec beaucoup de hardiesse une attaque sur l'aile droite, et cherchèrent à la séparer du centre. Ils furent repoussés jusqu'à Wachau. Les dragons de la garde française, commandés par le général Letort, furent presque entièrement détruits. Le feld-maréchal prince de Schwartzenberg ordonna une attaque générale pour s'emparer du plateau de Wachau. La garde russe et les grenadiers autrichiens de la division Weissen-wolf furent destinés à soutenir cette attaque, qui repoussa les Français loin de leur première position.

Le général Maison fut grièvement blessé; le général Latour-Maubourg eut une cuisse emportée par un boulet. Le comte Giulay poursuivit jusqu'à Lindenau les Français, qui y tinrent pendant six heures avec un courage opiniâtre.

Le général autrichien de cavalerie, Meerfeldt, était chargé de forcer le passage de la Pleiss; il avait contre lui le général Bertrand, qui fit pendant tout le jour la plus brave défense, et ne se retira que le soir. Plusieurs bataillons autrichiens ayant reçu une autre destination, le général Bertrand revint avec des renforts, et défit complètement les Autrichiens. Le général Meerfeldt eut un cheval tué sous lui, fut lui-même blessé d'une balle, et tomba au pouvoir de la cavalerie française (1). Le prince Aloys de Lichtenstein

______

(1) M. de Meerfeldt a été depuis échangé contre feu le général Reynier, un des plus braves officiers de

prit le commandement, et sut contenir l'ennemi.

Le même jour, le général Blücher fit une
attaque à Freyrode et Radefeld. Ces positions
étaient défendues par le maréchal Marmont,
qui, avec les quatrième, sixième et septième
corps, se tenait entre Leipsick et Skeuditz. Le
corps du général d'York souffrit beaucoup de
ce combat ; cependant, il s'empara du village
de Lindensthal, et marcha vers Leipsick. Les
Français occupaient avec beaucoup d'infanterie l'espace entre Eutritzsch et Mœchern ; il
fallut les charger plusieurs fois à la baïonnette.

Cependant, afin de protéger leur infanterie, ils placèrent quarante canons sur le même
point. Les troupes réunies du corps d'York
soutinrent le feu de mousqueterie, pendant
que le corps de Langeron prenait d'assaut, à
l'aile gauche, les villages du grand et du petit
Wetteritz, en était chassé, et y rentrait encore de vive-force.

Enfin le combat se décida pour les alliés :
le major Sohr, à la tête de deux escadrons de
hussards de Brandebourg, se précipita sur les

---

l'armée, et que la défiance de Buonaparte écarta toujours des emplois les plus brillans. *(Note du Traducteur.)*

batteries ennemies ; l'infanterie prussienne, animée par l'exemple de ses officiers, marcha en avant avec intrépidité : cependant l'évènement était encore douteux, lorsque le général d'York, le sabre à la main, chargea à la tête de sa colonne aux cris de *vive le roi !* Trente canons français furent pris et les bataillons qui les soutenaient mis en déroute. Ce fut alors que la cavalerie des alliés fit une charge terrible ; selon les rapports prussiens, les trophées de ce jour furent deux *aigles,* deux drapeaux, quarante-trois pièces d'artillerie et plus de deux mille prisonniers. Les Français se retirèrent jusque dans la plaine entre Gohlitz et Ertritsch.

Tout portait à croire que l'armée de Silésie, qui s'était approchée avec tant d'audace du principal corps de l'armée française, serait attaquée le 17 par toutes les forces réunies de l'ennemi ; en conséquence, le prince royal partit à deux heures du matin de Landsberg pour Breitenfeld, afin de la soutenir. Le corps de Langeron fit un mouvement sur l'aile droite des Français, qui s'était ralliée derrière Entritzsch, et était couverte par de la cavalerie. Deux régimens de cavalerie commandés par le lieutenant-général Wasiltschikoff, chargèrent vigoureusement la cavalerie française,

la mirent en désordre, et poussèrent par derrière l'infanterie jusqu'aux faubourgs de Leipsick. Les alliés prirent ainsi cinq pièces de
canon et beaucoup de prisonniers.

La partie du corps français sur les derrières
de laquelle se faisait cette manœuvre audacieuse, commença à se former en masses, et
démasqua de tous côtés des bouches à feu ;
les hussards passèrent au milieu avec leurs
prisonniers et leurs canons, bravant un feu
terrible. Cette charge de cavalerie passe pour
un des plus beaux faits d'armes de la campagne.

Le 17, les Français se tenant tranquilles
dans leurs cantonnemens, et les alliés ayant
concentré toutes leurs forces, on parlait d'une
attaque générale pour le lendemain.

Buonaparte fit lentement les préparatifs
d'une journée qui devait achever d'ébranler
sa puissance, et le déterminer, pour la *quatrième fois,* à une *fuite* honteuse.

« A sa première désertion, dit M. Dur-
« dent (1), et lorsque Buonaparte n'était en-
« core que général en chef, il abandonna, sans

____

(1) *Campagne de Moscou,* page 80 , 5e édition.

« l'autorisation de son gouvernement, l'armée
« qu'il avait conduite en Egypte à une des-
« truction certaine. Il devait périr d'une mort
« ignominieuse : il régna. Quand il eut pro-
« voqué la guerre d'Espagne, il attendit, pour
« paraître dans cette contrée si brave et si
« malheureuse, l'instant qu'il crut le plus fa-
« vorable ; mais il ne tarda pas à s'apercevoir
« qu'il n'y trouverait que son châtiment. Il
« déserta donc de nouveau, abandonnant ses
« troupes à des dangers continus, et dont il
« était impossible de prévoir le terme. Enfin,
« après la fuite de Russie, il sacrifia quarante
« mille hommes au pont de Leipsick, afin de
« pouvoir bientôt reparaître aux Tuileries, et
« chasser le corps législatif. Ainsi chacune de
« ces actions honteuses se lie à quelques grands
« désastres et à quelques nouveaux forfaits. »

CHAPITRE VIII.

Batailles des 18 et 19 octobre, devant Leipsick.

Buonaparte a encore cela de commun avec plusieurs despotes de l'Orient, qu'il se serait volontiers arrogé les titres de *très-heureux* et *de très-invincible* au milieu des plus grands revers. A l'entendre, non-seulement il aurait été toujours victorieux dans la Lusace et même dans la Bohême, mais il n'aurait pas cessé de remporter des avantages dans les journées des 18 et 19 octobre, et la catastrophe qu'il éprouva aurait eu pour cause le plus fortuit, le plus ridicule des incidens, la destruction d'un pont par suite d'un ordre mal interprété !

Veut-on savoir quelle était, dès le mois de septembre, l'opinion des officiers même les plus éclairés de son armée ? Nous en trouverons la preuve dans une collection de lettres interceptées qui ont été imprimées en Allemagne, et dont nous nous bornerons à citer quel-

ques passages (1). On verra jusqu'à quel point
Buonaparte négligeait les précautions les plus
nécessaires pour le bien-être et la subsistance
du soldat; et combien sur-tout était coupable
son entêtement à demeurer sur l'Elbe, malgré
les plus sages avis de ses généraux. En effet,
ne força-t-il pas lui-même le général Jomini,
l'estimable auteur d'un excellent traité de
tactique, à chercher dans les camps ennemis
un refuge contre ses persécutions?

A la veille de la rupture de l'armistice,
M. Jomini sentant que, dans les conjonctures
actuelles, la position de l'armée française n'é-
tait pas tenable, fut d'avis de rétrograder.
Buonaparte s'emporta avec violence; il donna
à M. Jomini la plus odieuse, la plus flétris-
sante des épithètes pour un militaire, celle de
lâche. C'en fut assez pour que M. Jomini,
Suisse de nation, et qui ne tenait à la France
que par des liens volontaires, ne restât pas
plus long-temps auprès d'un homme que le

---

(1) Ces lettres ne peuvent être suspectes de contre-
façon; elles portent ce cachet de mobilité d'imagination
et de gaîté intarissable que les Français seuls savent
conserver au milieu des plus affreux malheurs.

(Note du Traducteur.)

souvenir d'anciens, d'inconcevables succès éblouissait au point de ne pouvoir supporter les conseils les plus raisonnables.

Voici donc, d'après les pièces que nous avons sous les yeux, quelle était l'opinion de l'armée.

M. P.... s'exprimait ainsi le 29 août, au sujet des affaires qui eurent lieu devant Dresde, et dans lesquelles le général Moreau perdit la vie :

« Le 27, à midi, l'affaire s'est engagée, et n'a fini que le 28. Pendant trois jours il n'a cessé de pleuvoir : nous étions, ainsi que les Russes, dans l'eau et dans la boue jusqu'aux genoux, *avec un froid du mois de janvier;* nous avions des hommes qui sont morts dans les rangs par l'effet de la fatigue, du froid et du besoin de nourriture qu'ils n'avaient pas eu le temps de prendre. »

M. B.... écrivait du camp devant Dresde, le 3 septembre :

« L'empereur, qui est ici, nous a passés en revue hier, c'est-à-dire les débris de notre corps d'armée. Il nous a dit qu'il allait nous garder quelques jours pour nous réorganiser, et qu'ensuite nous retournerions *prendre notre revanche.* »

Le maréchal-de-logis D.... disait, le 5 du même mois :

« Nous avons été pendant dix jours sans pain : des pommes de terre que nous faisions bouillir, et que nous mangions sans autre chose.... Toujours l'eau sur le corps, couchés dans la boue. Une nuit l'eau tombait beaucoup, ma jument ne pouvait se tenir ni moi non plus; je vous jure que si l'on nous avait attaqués, l'on nous aurait tous tués sans beaucoup de mal. Un dragon ne put résister; il se brûla la cervelle. »

Un officier supérieur, M. N. G...., mandait à sa femme, le 7 septembre :

« Je ne sais, ma bonne amie, où nous en sommes, ni ce que nous faisons. Avant-hier l'empereur partit avec sa garde pour aller à la rencontre de l'ennemi, qui s'avançait sur Dresde. *Ce que tout le monde prévoyait est arrivé :* l'ennemi s'est retiré, et l'empereur est rentré à Dresde hier soir.

« Que va-t-il faire ? où portera-t-il ses forces ? Les momens pressent ; *la Saxe ne peut plus nous nourrir ;* tout est dévoré. »

Un autre officier mandait sous la même date, à l'un de ses amis négociant à Paris : « Que vu les circonstances, *on ne saurait agir avec trop de circonspection dans les affaires de bourse.* »

M. C..... écrivait le 8 septembre, au général * * * :

« Nous sommes rentrés hier à Dresde pour la quatrième fois ; les opérations de cette campagne semblent avoir un caractère D'INDÉCISION qui avait été inconnu jusqu'à présent dans les armées commandées par l'empereur... Nous avons une pitoyable administration et un gaspillage affligeant. »

M. V..... écrivait de Torgau, le 8 septembre, à sa femme :

« Je m'empresse de t'écrire après la malheureuse bataille de Juterbock, afin de te rassurer sur mon existence. Journée funeste et qui peut avoir les plus terribles conséquences ! Jamais déroute semblable n'a eu lieu parmi nous. »

Cette bataille eut lieu le 5; elle était commandée par le prince de la Moskowa. On assure que Buonaparte s'y trouva *incognito* sous le nom de *comte de France*. Il n'aurait pas manqué de s'en approprier tout le mérite si la fortune eût soutenu ses espérances; mais le désastre fut complet, et l'on ne put réparer l'échec qu'un autre corps d'armée avait déjà éprouvé sous les murs de Berlin.

« Il y a beaucoup d'apparence, continue le même officier, que nous serons forcés de nous retirer jusque sur le Rhin, à moins d'une fortune imprévue; l'ennemi est en force et très-bien commandé : il a pris un ton de supériorioté étonnant, et il profite avec avantage de la stupeur de notre armée.... Nos soldats sont si petits, si faibles, si jeunes, si inexpérimentés, qu'il faudrait plutôt craindre du grand nombre que d'en espérer. »

M. le comte L. L.... écrivant à son père à Paris, le 9 septembre, s'exprimait en ces termes :

« Nous faisons un métier bien fatigant; l'ennemi menace tantôt un point, tantôt un autre, et disparaît aussitôt que l'empereur s'approche. »

Un autre disait avec naïveté : « Messieurs les coalisés s'amusent à nous faire promener, ainsi que la garde de Sa Majesté, dont le quartier général suit tous les mouvemens. Tandis que nous sommes d'un côté, les ennemis profitent de notre absence pour nous inquiéter sur le point que nous venons d'abandonner ; de sorte que nous sommes forcés de revenir sur nos pas pour réprimer leur audace. Cette espèce de tactique peut être fort amusante pour eux, mais ne l'est pas autant pour nous. »

La même personne faisait part à son ami des bruits effrayans qui circulaient dans l'armée même, sur les embarras financiers de Buonaparte : elle l'engageait à retirer à tout prix les fonds qu'elle pouvait avoir placés dans le commerce, parce que Buonaparte ne pouvait faire face à tous ses besoins que par la résurrection d'un *papier - monnaie*. Ce bruit était universel, une foule de lettres s'exprimaient dans les mêmes termes, et tout le monde sait quelle stagnation douloureuse en résultait pour les affaires.

Un officier écrivant à sa femme, devant Wittenberg, le 25 septembre, laissait échapper ces aveux remarquables :

« Il n'y a pas d'exemple dans toutes nos guerres, d'armées isolées, séparées les unes des autres, privées de communications entr'elles. Cependant telle est notre situation. »

A l'armée même on était à peine instruit du résultat général des opérations. En voici la preuve dans une missive du 10 septembre :

« Nous ne savons rien que de vague sur ce qui se passe aux corps d'armées où nous ne sommes point ; et peut-être en France connaissez-vous mieux par les gazettes l'ensemble des opérations, que nous ici. »

M. B...... écrivait d'Eberstorf, le 12 septembre :

« J'avoue qu'il me tarde d'en avoir fini : ma santé ne saurait y résister.

« Tout fait croire que de manière ou d'autre la campagne ne sera pas longue. »

Le même disait dans une autre lettre :

« Cent cinquante mille Russes, Prussiens ou Autrichiens nous attendent ; la bataille sera terrible, et Dieu veuille que nous soyons vainqueurs, car la retraite ne serait pas aisée...

Au reste, nous faisons la guerre de manière à avoir bientôt fini. »

M. C. B. écrivait de Pirna, le 12 septembre :

« Nous venons de faire une tournée en Bohême. C'est bien la plus vilaine entrée du monde, et si l'intérieur n'est pas mieux, c'est sans contredit un pays maudit de Dieu. Il est assez pittoresque pour un peintre, mais pour un guerroyeur, on y éprouve trop de fatigues et de peines. Mes chevaux sont rebutés : ils me donnent du chagrin, de l'inquiétude. Imagine-toi les montagnes lès plus hautes, et les chemins les plus difficiles. Quand un malheureux ou heureux (je ne sais lequel des deux) reçoit le coup mortel, on le voit dégringoler à perte de vue, et c'est bien alors qu'il paraît descendre jusqu'aux entrailles de la terre. »

Une lettre attribuée à M. le d. de R. (ces initiales peuvent désigner, soit le duc de Reggio, soit le duc de Raguse) est datée du 12 septembre, et ainsi conçue :

« Nous avons fait d'abord assez bien, et obtenu des succès remarquables ; ensuite NOUS avons fait *bien des sottises* ; mais nous les réparerons. »

Tels étaient donc les auspices sous lesquels combattait Buonaparte, non plus pour la victoire, mais pour la retraite.

On avait cru d'abord que sa manie des rapprochemens historiques le porterait à entreprendre quelque chose de remarquable pour le 14 octobre, jour anniversaire de la capitulation d'Ulm (en 1805) et de la bataille d'Iéna (en 1806). Il n'en fut pas ainsi : il ne se présenta pas à beaucoup près en vainqueur à Leipsick, lorsqu'il y devança sa principale armée.

Buonaparte arriva dans cette ville, non par la route de Dresde, comme on s'y était attendu, mais par celle de Berlin. Il traversa Leipsick avec rapidité, et sortit par la porte de Grimma, accompagné de quelques bataillons et escadrons de sa garde. Une table et un fauteuil furent apportés en diligence, et l'on alluma un grand feu de bivouac dans la plaine, à peu de distance du lieu où l'on exécute les criminels. Les gardes bivouaquèrent à droite et à gauche. Le quartier - général préparé pour Buonaparte n'était rien moins que magnifique; le sol était jonché de débris de feuilles de choux, et l'odorat y était offensé par des objets non moins repoussans pour la vue.

On fit passer successivement sur la table plusieurs cartes et plans topographiques que Buonaparte considéra avec une extrême attention, sans paraître s'occuper le moins du monde de ce qui se faisait autour de lui, ni des spectateurs qui l'assiégeaient en foule.

Bientôt une longue file de voitures qui suivaient la route de Würtzen, les claquemens réitérés des fouets des postillons, et des détachemens considérables de grenadiers et de cavalerie, annoncèrent l'arrivée d'un autre personnage de distinction : c'était le roi de Saxe avec ses gardes et toute sa suite. Il descendit devant Buonaparte, et ils se saluèrent avec courtoisie. Cependant le roi ne tarda pas à monter à cheval, et fit ainsi son entrée dans la ville. Buonaparte demeura à son bivouac. Souvent il se levait de son fauteuil, s'approchait du feu, y présentait ses mains, les frottait, les mettait ensuite derrière son dos (1), tandis qu'avec le pied il poussait vers le centre

----

(1) N'est-ce pas, pour un souverain, une attitude bien noble, bien imposante ? Il a cependant fallu qu'un des artistes français les plus distingués, représentât *le consul à la Malmaison*, les mains derrière le dos, et paraissant rêver ainsi à ses épouvantables folies... !

du brasier les tisons, qui n'étaient autre chose
que des débris de solives, de planches et de
lattes arrachées aux maisons voisines. Buonaparte prenait du tabac à toute minute, et
sa tabatière d'or en fut bientôt épuisée. Enfin
il amassa avec son doigt ce qui restait au fond,
et le versa dans sa main. Quand il n'y eut plus
rien, il se contenta d'ouvrir la boîte, et de la
flairer, sans s'adresser, pour obtenir du tabac,
aux maréchaux ni aux officiers qui l'entou-
raient.

Pendant tout ce temps, on entendait du côté
de Probstheide une canonnade qui devenait
de plus en plus terrible. Les charriots de
blessés se succédaient avec une rapidité toujours croissante. Les Allemands, spectateurs
de cette scène, ne pouvaient concevoir l'apa-
thie de Buonaparte: trompés par les éternelles
assertions des bulletins, ils croyaient que le
grand homme devait toujours se porter au
plus fort du péril.

Les généraux alliés eux-mêmes s'attendaient de sa part à une toute autre conduite.
Voici comment s'exprime un de leurs rapports officiels :

« On ne peut expliquer comment Napo-

léon, dont l'armée resta en ordre de bataille
toute cette journée du 17, et à qui il fut facile
de pénétrer les vues du prince de Schwartzenberg, ne prit point dans cette journée le
parti, soit d'attaquer, soit de faire volontairement sa retraite, et qu'il ait donné par là, aux
alliés, l'occasion de le battre complètement
dans les journées du 18 et du 19. »

Vers quatre heures après-midi, un aide-de-
camp arriva de la ville au galop, et apporta
un message. Tout-à-coup les tambours battirent un roulement, et les gardes se rangè-
rent dans leurs divisions respectives. Buonaparte monta à cheval, et se dirigea vers le
Kohlgarten, laissant le champ de bataille à
droite. On lui avait, à ce qu'il paraît, annoncé
l'arrivée de sa garde entière : il n'attendait
qu'elle pour partir. Ils entrèrent par la porte
de Halle, et firent une contre-marche sur
Dresde. Des témoins oculaires crurent les
alliés perdus. Buonaparte semblait se proposer
de pousser à droite avec ses troupes fraîches
derrière Kohlgarten, et marchant du côté de
Stotteritz, de tourner l'ennemi par son flanc
gauche. Par cette manœuvre, qui lui était
familière, il pouvait écraser les alliés. Mais

il n'en fut pas ainsi. Buonaparte et son corps d'armée, après avoir parcouru seulement un mille, firent halte, et se disposèrent à passer la nuit en cet endroit.

Voici quelles furent dans cet intervalle les dispositions des différens corps de l'armée des alliés. Un concert admirable régnait parmi les généraux des différentes nations. Profitant enfin des leçons sévères de l'expérience, les coalisés reconnaissaient qu'ils avaient principalement dû à leur mésintelligence les revers cruels qu'ils avaient essuyés.

Le soir du 17, le prince royal de Suède se rendit à Taucha; le général Bennigsen, qui avait laissé un corps considérable devant Dresde, afin d'y bloquer le maréchal Gouvion-St.-Cyr, se porta à Naunhoff; et le feld-maréchal Collorédo, qui avait fait un mouvement rétrograde sur Freiberg et Chemnitz, se joignit à la grande armée.

Le matin de la mémorable journée du 18 octobre, on fit les plus ardens préparatifs dans le camp des alliés. Une proclamation du prince de Schwartzenberg, laconique, mais brûlante d'énergie, enflamma tous les courages. On regardait cette journée comme celle de la délivrance de l'Allemagne, et de la paix de l'Europe.

Voici quelle était, au point du jour, la position des alliés. L'armée de Silésie formait l'aile droite ; les armées réunies, du Nord et du général Bennigsen, occupaient le centre ; l'aile gauche était formée par la grande armée réunie, prussienne, russe et autrichienne. La jonction et la disposition de toutes ces forces étaient le résultat de manœuvres aussi hardies que savantes. Toutes les colonnes d'attaque se portèrent concentriquement sur Leipsick. Napoléon s'était retiré près de cette ville ; il avait formé son aile droite à Konnewitz, le centre à Probstheide, et l'aile gauche à Skœtteritz. Il se trouvait de sa personne au lieu dit le *Moulin hollandais*.

Aux armées de Silésie et du Nord étaient opposés le prince de la Moskowa, le duc de Padoue (Arrighi) et le général Dombrowski. Ils occupaient les bords de la Partha à Neutsch, à Saint-Thécla, et dans le faubourg de Halle, à Leipsick.

Buonaparte, reconnaissant le désavantage de sa situation, et prévoyant la perte de la bataille, ordonna, à trois heures du matin, au général Bertrand, de défiler par les routes de Lutzen et de Weissenfels, de s'emparer du passage de la Saale, et d'assurer ses communications avec Erfurt. Il fit partir en même temps quantité de bagages de Leipsick, et l'on peut se figurer la confusion, le tumulte, les inquiétudes de tout genre qui régnèrent dans cette malheureuse ville. Cinq cent mille hommes, rangés en bataille sur l'espace d'un mille quarré (1), se préparaient mutuellement au carnage.

Au point du jour, le canon gronda à la-fois sur toute la ligne de l'armée française. A huit heures du matin, l'attaque de la grande armée commença sur trois colonnes. La première, composée du corps du général Klenau et de celui du baron de Bennigsen, s'avança de Seifertshayn dans la direction de Holzhausen.

La seconde, qui, sous les ordres du général en chef, Barclay de Tolly, se composait des corps du général comte de Wittgenstein, de Kleist, et des gardes russe et prussienne, marcha de Goffa sur les hauteurs de Wachau; et la troisième, commandée par le général de cavalerie, prince héréditaire de Hesse-Hombourg, composée des divisions Bianchi, Aloys-Lichtenstein, comte Weissenwolf, et comte Nostitz, conserva la possession du plateau

____

(1) Environ trois lieues quarrées.

entre Dœsen et Lœssnitz. Le feld-maréchal Collorédo suivit, avec son corps d'armée, comme réserve de celle dernière colonne.

Les Français ne négligèrent rien pour opposer une digue à ces colonnes d'attaque; cependant, ils ne purent résister à l'impétuosité des alliés. Ils cédèrent pied à pied le terrein; mais enfin, leur retraite devint une déroute.

L'avantage des armées de Silésie et du Nord fut encore plus prononcé. Dès le matin, le prince Guillaume de Prusse, réuni à cette dernière, et le corps de Langeron, de l'armée de Blücher, passèrent pour ce jour-là sous le commandement du prince royal de Suède. Le corps de Bulow et la cavalerie de Winzingerode, qui formaient l'extrémité de l'aile gauche, marchèrent à neuf heures sur Taucha.

L'armée russe passa le petit ruisseau aux environs de Grassdorff; l'armée suédoise déboucha entre Grassdorff et Plaussig. Taucha, qui avait été pris et repris la veille, resta définitivement au pouvoir des alliés.

Les Français défendaient Paunsdorff avec beaucoup d'infanterie et une artillerie nombreuse. Le corps de Bulow reçut l'ordre de prendre ce village : malgré la vigoureuse ré-

sistance des Français, qui firent plusieurs dé-
charges à mitraille, le village fut emporté à
la baïonnette; les Français dressèrent néanmoins derrière le village plusieurs batteries,
afin de retarder l'avant-garde ennemie, et
sur-tout les approches de la cavalerie. Plusieurs batteries prussiennes et russes répondirent au feu des Français, qui était servi
avec beaucoup de vivacité, et le réduisirent
au silence. Des nuées de Cosaques restèrent
pendant plusieurs heures sous le feu de plus
de cent pièces, avec une fermeté, un mépris
de la mort qui étonnèrent leurs ennemis eux-
mêmes; enfin, à trois heures, toute cette cavalerie reçut ordre d'attaquer les masses d'infanterie qui défilaient par les villages de Sellershausen et de Volkmersdadt. Les Français
ne s'attendant point à cette attaque, se retirèrent promptement des villages, et y abandonnèrent plusieurs canons encloués. Le général russe Manteufel fut tué roide par un
boulet.

Le prince de Suède fit aussitôt mouvoir ses
colonnes sur Leipsick, afin de resserrer de
plus en plus l'armée de Buonaparte. Il s'aperçut que les Français déployaient entre Ma-
chern et Engelsdorf de fortes masses, afin de

cerner l'aile gauche des alliés. Le général Bubna, posté au village de Stœtteritz, fit changer de front à ses troupes, et s'opposa à l'attaque des ennemis. Sur ce point les Français avaient des forces très-supérieures; cependant une manœuvre aussi belle qu'heureuse déjoua toutes leurs entreprises. Le désordre fut augmenté par un évènement que Buonaparte pouvait depuis long-temps prévoir, et dont il doit accuser sa seule obstination à faire peser sur l'Allemagne un sceptre de fer. Deux régimens de cavalerie wurtembergeoise, commandés par le général Normann, deux régimens de cavalerie saxonne, et sept bataillons de fusiliers saxons, avec quatre batteries de 26 canons (1) sous les ordres du général de Ryssel, sortirent tout-à-coup des rangs français, et grossirent l'armée qui combattait pour la délivrance de l'Allemagne.

Afin de tenir tête aux Français, qui conti-

---

(1) Et non pas de 60 canons, comme l'a dit le bulletin français, en ajoutant que c'est un acte de trahison et d'infamie. Ce sera à la postérité à apprécier cette démarche spontanée des troupes de la confédération du Rhin. *(Note de l'Auteur.)*

nuaient de menacer l'aile gauche, le prince
de Hesse-Hombourg se porta avec sa brigade
vers Engelsdorf. Le prince se mit en marche
au milieu d'une grêle d'obus et de boulets ,
avec une régularité et une précision admirables, comme s'il eût été question de manœuvrer à une parade : en même temps le général Bulow s'empara, à l'arme blanche, des
villages de Stunz et Sellershausen, qui étaient
défendus avec de l'infanterie et de l'artillerie.
Les alliés éprouvèrent long-temps une résistance imperturbable ; mais ils triomphèrent ;
beaucoup de prisonniers et de pièces de canon restèrent au pouvoir des Prussiens. Il
importait aux Français de retarder la marche
des alliés sur Leipsick : aussi attaquèrent-ils
leur aile gauche avec une rare intrépidité. Le
prince royal ordonna au général russe, baron
de Witt, d'aller au – devant du général de
Ryssel, et de le soutenir sur ce point avec son
artillerie, jusqu'à l'arrivée des batteries de l'armée du Nord, qui étaient encore retenues dans
le défilé.

La compagnie des artificiers anglais, commandée par le capitaine Bogue, fit un effet terrible avec ses fusées à la Congrève. Ces pro-
jectiles laissant après eux de longues traînées

de flammes et de fumée, et éclatant avec fracas au milieu des rangs ennemis, y semaient une incroyable confusion. Rien ne serait plus désespérant pour l'humanité que ces machines de destruction, si elles restaient le secret d'un seul peuple ; mais bientôt sans doute les autres nations les imiteront, les perfectionneront peut-être, et l'on combattra à armes égales. « Laissons faire les hommes, a dit un célèbre écrivain, ils seront toujours ingénieux à inventer des moyens de destruction. »

Un corps d'armée française très-nombreux attaqua du côté de Leipsick le corps de Langeron sur l'aile droite. Ce brave officier soutint avec vigueur le corps de M. de Saint-Priest, qui n'avait point d'artillerie : tout-à-coup le général suédois Cardell arriva au galop avec vingt pièces de canons, et rendit la position inexpugnable ; les Français se replièrent.

Ainsi finit cette journée décisive. Déjà, vers dix heures du matin, Buonaparte avait commencé en partie sa retraite, et fait filer ses bagages sur Leipsick. Pour ne pas être entièrement coupé, Buonaparte fortifia le corps du général Bertrand, tant en hommes qu'en artillerie. Ce renfort obligea le général comte Giulay de se retirer derrière l'Elster et d'oúvrir à l'ennemi la route de Lutzen. A cette nouvelle, le général Blücher se sépara du corps d'York, lequel formait ce jour-là la réserve. Il fit une marche forcée sur Halle, afin d'arriver à Mersebourg et Weissenfels, sur la rive gauche de la Saale, avant l'ennemi. Les alliés, fatigués par les efforts de cette journée, bivouaquèrent, à l'entrée de la nuit, sur le champ de bataille devant Leïpsick.

La nuit offrit elle-même un spectacle effroyable. Les campagnes étaient jonchées de morts, de blessés et de mourans; des cris de douleur, des gémissemens funèbres interrompaient seuls par intervalles un morne silence. Les feux des bivouacs répandaient sur cette scène d'horreur une clarté douteuse. Plusieurs villages des environs étaient en feu, mais les guerriers reposaient; ils recueillaient leurs forces pour les combats du lendemain.

Buonaparte envoya au quartier-général des alliés, le comte Meerfeldt qu'il avait fait prisonnier. Sous la couleur d'une suspension d'armes, il se flattait d'entamer des négociations plus sérieuses. Il offrait, en attendant, de se retirer derrière la Saale, de rendre libre le reste des troupes saxonnes, et enfin d'éva-

cuer les places fortes de l'Oder et de l'Elbe ;
pourvu qu'on lui permît de se retirer sans
être inquiété, et qu'on ne mît point obstacle
à la jonction des divers corps de l'armée
française.

Que répondre à de telles propositions ? la
nécessité seule les avait inspirées, et l'on était
autorisé à croire que Buonaparte ne voulait
que gagner du temps (1). Il chercha néanmoins à dissimuler la nécessité où il se voyait
réduit, par un langage hautain. « J'espère,
« dit-il, qu'on ne prétendra point m'imposer
« de conditions honteuses, et qu'on ne voudra
« point me faire renoncer au protectorat de
« la confédération du Rhin. »

D'un autre côté, on assure que Buonaparte
était le premier à reconnaître que l'état de

---

(1) Le bruit a couru, à Paris, qu'il n'aurait tenu qu'à
Buonaparte d'obtenir une suspension d'armes ; qu'il ré-
sista à l'avis presque unanime de ses généraux, et qu'il
eut même avec l'un d'entr'eux une violente altercation.

Avouons cependant que les succès avaient singulièrement monté les têtes. Les Allemands, dans leur enthousiasme, ont donné aux affaires de Leipsick le nom de
batailles des nations, VŒLKER SCHLACHT.

(Note du Traducteur.)

choses qu'il avait créé en Allemagne ne pourrait subsister. On rapporte de lui ce sarcasme
amer : « Cette plaisanterie du royaume de
« Westphalie sera bientôt finie ! » En effet ,
déjà son frère Jérôme était chassé de Cassel ,
et plusieurs Français avaient péri victimes
d'une émeute populaire.

Dès le matin du 19 octobre , l'armée française se mit en retraite sur tous les points.
Après avoir successivement abandonné ses
dernières positions à Zwei-Naundorf, à Volk-
marsdorfer et au moulin de Strassenhausern ,
elle entra dans les faubourgs de Leipsick , et
se mit en devoir d'assurer sa retraite par la
défense opiniâtre de la ville. On fit sauter
hors des murs un grand nombre de caissons
remplis de poudre.

A huit heures , le Prince Royal envoya
l'ordre au général Bulow de s'emparer de la
ville. Celui-ci chargea le prince Louis de Hesse-
Hombourg de commencer l'attaque , et le fit
soutenir par la division du général Borstell.
Les Français avaient leurs canons braqués
devant les portes extérieures des faubourgs ,
les caissons en arrière , et les maisons des
faubourgs étaient toutes garnies d'infanterie.
Les portes avaient été défendues par des palis-

sades , et les murailles crénelées. Le combat fut long et meurtrier.

Les alliés cependant emportèrent les ouvrages extérieurs , et prolongèrent le combat dans les rues.

Les troupes saxonnes et badoises qui s'y trouvaient, augmentèrent la confusion en tournant leurs armes contre ceux qui les avaient soumis à une alliance forcée, à une alliance trop incompatible avec les intérêts de l'Allemagne, pour pouvoir subsister.

Les Français avaient proposé d'abord d'évacuer Leipsick, mais ils y mettaient des conditions inacceptables. Ils voulaient conclure en même temps un armistice, pendant lequel toute l'armée se retirerait sur un point désigné avec son artillerie et ses bagages. La proposition fut rejetée, et plusieurs centaines de pièces de canon tirèrent à-la-fois sur Leipsick. C'en était fait de cette malheureuse ville sans l'humanité des souverains alliés. Quelques heures de bombardement avec des obus, des boulets rouges et des fusées à la Congrève auraient suffi pour s'en emparer presque sans perte. Mais on ne voulut point faire subir à l'une des cités les plus florissantes de l'Allemagne, le sort de Sarragosse ou de Moscou.

On se décida pour l'assaut , quoique plus meurtrier pour l'armée alliée. Les canons ne tirèrent que sur les batteries françaises , et très-peu de boulets tombèrent sur les maisons des paisibles habitans.

A neuf heures, le roi de Saxe envoya un parlementaire à l'empereur Alexandre. Ce malheureux prince avait été amené le 14, avec la reine et sa fille , d'Eulenbourg à Leipsick. Buonaparte avait daigné lui faire une visite, et lui dire en le quittant : « Tirez-vous de là comme vous pourrez ; prenez le parti que vous dicteront les circonstances. » Tels furent les adieux de cet *ami fidèle et dévoué.* Le roi de Saxe se recommanda à la générosité du vainqueur, et recourut en même temps à sa clémence pour les habitans et leurs propriétés. Le magnanime Alexandre répondit que le roi pouvait être tranquille sur le sort de la ville et des habitans ; mais que, quant à sa personne, les hautes puissances alliées seraient obligées de voir en lui un ennemi.

Cette démarche du roi de Saxe faisait espérer que la ville allait se rendre ; mais le duc de Raguse tenait encore. Le prince royal de Suède résolut d'éviter une plus longue effusion de sang par une attaque précipitée qui

ne laissât pas à l'ennemi le temps de se reconnaître : le feu des batteries redoubla.

Qu'on se fasse, s'il est possible, une idée de
la situation des infortunés habitans : des nuages
épais de fumée s'élevaient au - dessus de la
basse ville ; les habitans de la haute ville n'o-
saient y descendre pour s'assurer de ce qui se
passait. Le bruit courait que plusieurs quartiers étaient déjà en flammes : chacun se tenait
renfermé chez soi, afin de veiller à tous les
accidens ; il était dangereux de rester dans
les étages supérieurs, à cause des boulets et
des bombes ; on s'enfermait dans les caves,
dans les celliers. Les Français qui se trouvaient dans la ville ressentaient des angoisses
encore plus terribles : ils s'attendaient à être
massacrés d'un moment à l'autre ; on en voyait
pleurer comme des enfans, et éprouver des
mouvemens convulsifs à chaque coup de
canon.

La confusion était bien plus grande dans
les faubourgs : les habitans fuyaient de tous
côtés ; les soldats couraient sans ordre dans
les rues, jetant çà et là leurs gibernes et leurs
fusils ; cavaliers et fantassins , tous étaient confondus ; ils marchaient un à un dans les rues
encombrées par les bagages de l'artillerie et

par d'immenses troupeaux de bêtes à cornes ;
les officiers supérieurs semblaient veiller avec
plus de soin à la conservation de ces animaux
qu'à celle de leurs soldats ; ils les faisaient passer sur un espace étroit le long des fossés.
Les conducteurs de ces troupeaux en ven-
daient furtivement et à très-bon compte à
ceux qui avaient la hardiesse d'en acheter :
pour quelques écus on se procurait un bœuf
ou une vache.

« Au milieu de ce chaos, dit un témoin
« oculaire, je vis paraître tout-à-coup Napo-
« léon lui-même ; il était à cheval, accompa-
« gné de son beau - frère Murat et escorté
« d'une suite peu nombreuse ; ses traits étaient
« moins altérés que je ne l'aurais cru. Il prit
« un chemin de traverse , en passant par des
« jardinages, du côté de la porte de Ranns-
« tadt. »

Cependant il ne put s'échapper par cette
route : un feu terrible de mousqueterie le
força à retourner sur ses pas. Comment put-il
survivre à la honte d'une telle journée, à des
désastres qu'il n'a dû attribuer qu'à son in-
corrigible entêtement ! Mais il ne s'était pas
fait tuer à Moscou ; mais depuis il se fit payer

en bons deniers comptans et en rentes bien assurées, un sacrifice qu'il fit, dit-il, au bonheur des français! Dès ce moment la gloire de Buonaparte s'évanouit; il perdit, dans une seule campagne, le fruit de tant de travaux, le prix du sang de tant de millions d'hommes:

> The work of *years* (1) sunk in one compaign,
> And lives of millions sacrified in vain.

Il existe à la porte de Rannstadt, devant la douane, un petit pont de pierre sur la Pleiss; Buonaparte le fit miner et sauter en l'air. Cet ordre fut exécuté aussitôt que Buonaparte y eut passé avec sa suite, sacrifiant ainsi à sa sûreté personnelle le salut de plusieurs milliers d'hommes. Il n'était point possible d'excuser, aux yeux de la postérité, cet acte odieux d'égoïsme; on chercha du moins à le pallier. On voit, dans le XXVIe bulletin, que je ne sais quel colonel d'artillerie, qui n'a peut-être jamais existé (2), chargea de la garde du pont

---

(1) Il y a *ages*, c'est-à-dire *siècles*, dans l'original.

(2) On m'a assuré qu'il n'y avait qu'un seul colonel de cette arme, qui se nommât *Montfort*, et que cet officier était bien tranquillement à Mayence, au moment où le bulletin suppose qu'il était chargé de la garde du pont

un caporal de sapeurs, lequel, aux premiers coups de fusil qu'il entendit de loin, fit mettre étourdiment le feu aux fougasses, Cet *accident funeste*, pour nous servir des expressions consignées dans une harangue du sénat, fut seul la cause des désastres qu'éprouva l'armée française !.....

Ce qui est certain, c'est que Buonaparte aurait voulu éviter le passage de la porte de Rannstadt; il aurait voulu prendre un chemin de traverse par Borna et Altenbourg; mais ce sentier n'existait pas. On assure qu'il n'était pas aussi maître de lui-même dans cette terrible circonstance qu'il aurait voulu le paraître; son visage était trempé de sueur.

Le désordre que jeta parmi les troupes restées dans les faubourgs, la destruction du pont, est inexprimable. Le bulletin lui-même en contient l'aveu le plus formel : « Un cri d'effroi, dit-on, se répandit parmi les différens corps. On s'écria : *L'ennemi est sur nos derrières ! les ponts sont coupés !* Les mal-

---

de Leipsick. Cet évènement eut d'ailleurs peu d'influence sur le sort de l'armée française, dont la retraite était déjà coupée sur tous les points.

(Note du Traducteur.)

heureux soldats s'enfuirent dans la plus épouvantable confusion, et cherchèrent à passer
la rivière, soit à pied, soit à cheval. Le duc
de Tarente traversa la rivière à la nage; le
comte Lauriston faillit se noyer, et on ne le
sauva que par miracle (1). Le prince Poniatowski, entraîné par un cheval fougueux, se
précipita dans l'eau, et ne reparut plus. »

Telle fut la fin tragique du neveu du dernier roi de Pologne, Stanislas-Auguste, du
prince Poniatowski, que l'espoir de voir renaître la prospérité de sa patrie, put seul attacher à la fortune de l'ambitieux Napoléon.
Voici sur sa mort des détails exacts, tels que
les a transmis un de ses aides-de-camp :

Le 17 octobre, le prince Poniatowski fut
chargé, par Buonaparte, de défendre la partie
des faubourgs situés près de la route de Borna.
Il n'avait pour cela que deux mille hommes
d'infanterie polonaise. Voyant des colonnes

---

(1) Le général Lauriston a passé pour mort, quoiqu'il
ne fût que prisonnier. Il est à remarquer que, pour ne
point compromettre l'*infaillibilité du bulletin*, on ne
démentit la nouvelle de sa mort, ni dans les rapports
officiels, ni dans les lettres particulières envoyées aux
journaux. (*Note du Traducteur.*)

françaises, sur sa gauche, en pleine retraite, et le pont obstrué par l'artillerie et les bagages, de manière qu'il n'était plus possible d'y passer avec sa troupe, il mit le sabre à la main, et se tournant vers les officiers : Messieurs, leur dit-il, il vaut mieux périr glorieusement. A ces mots, il se précipita sur l'ennemi avec quelques cuirassiers polonais. Il avait déjà été blessé aux combats du 14 et du 16, et, en cette occasion, il reçut encore un coup de feu au bras gauche. Il ne continua pas moins de se porter en avant, se fit jour à travers un corps de troupes alliées, reçut une autre blessure à la hanche, se jeta dans la Pleiss, et, grâce au secours de ses officiers, gagna l'autre bord, laissant son cheval derrière lui, dans la rivière. Quoique épuisé de fatigue, il monta un autre cheval, et s'avança vers l'Elster, qui était déjà garni de carabiniers saxons et prussiens. Menacé d'être cerné de toutes parts, il se précipita dans l'Elster, et fut subitement englouti, ainsi que son cheval.

Le corps du prince fut découvert cinq jours après par un pêcheur; il était vêtu de son plus bel uniforme, avec des épaulettes enrichies de diamans. Ses doigts étaient garnis de bagues montées en brillans. On trouva dans ses poches des tabatières d'or, et autres bijoux de prix. La plupart de ces objets furent achetés par des officiers polonais, prisonniers; et le pêcheur dut gagner une somme considérable.

Ces armées, qui avaient été si long-temps le fléau de l'Allemagne et de l'Europe, qui avaient laissé par-tout de terribles traces de leur présence, étaient désormais réduites à une fuite précipitée. Leurs débris se répandaient comme un torrent impétueux; on eût dit que le Très-Haut les eût frappés d'une terreur panique.

A une lieue de la ville, l'ardeur avec laquelle les alliés poursuivaient les Français se ralentit; ceux-ci reprirent haleine à Markranstadt, et cherchèrent à concentrer leurs débris dispersés.

Le butin fait par les alliés fut immense. Les faubourgs étaient encombrés de chariots et d'artillerie abandonnés.

Peu de temps après la prise de la ville, les souverains y firent leur entrée. Des flots de peuple accoururent sur le passage de ces libérateurs si impatiemment attendus. Les monarques parurent sans pompe, vêtus de simples uniformes, au milieu d'un brillant cortège, formé par les généraux Blücher, Bulow,

Platoff, Barclay de Tolly, Schwartzenberg, Repnin, Sonders, etc. On ne saurait se faire d'idée des acclamations de la multitude ; on agitait de toutes parts des mouchoirs blancs, symboles de la paix.

Un grand nombre de régimens continuèrent immédiatement leur marche sans reposer, et prirent, les uns la route de Pégau, d'autres celle de Mersebourg, afin de poursuivre les Français sur leur flanc gauche, et sur leurs derrières.

Il restait encore beaucoup de soldats et d'officiers français dans la ville. Les derniers offraient des pièces d'or aux habitans pour obtenir un asile ; mais bientôt cela leur devint impossible, à cause des ordonnances sévères qui furent publiées contre quiconque recélerait un Français. Ils furent obligés d'aller chercher un refuge momentané dans les hôpitaux.

Les souverains alliés firent halte sur la place du marché, et accueillirent avec bonté le dernier commandant français de la ville. Il ne paraît pas qu'ils aient fait visite au roi de Saxe ; on lui laissa cependant sa garde. Il fut le lendemain, après le départ du roi de Prusse, conduit à Berlin par une escorte considérable de Cosaques.

Les résultats de cette bataille, qui dura quatre jours, furent incalculables. Voici comment les alliés évaluent les pertes de l'armée française :

« Vingt-trois généraux, disent-ils, parmi lesquels se trouvaient les généraux de division Lauriston et Reynier, tombèrent dans leurs mains. Les ducs de Raguse et de Reggio, et treize généraux furent blessés. On évalue à trente mille le nombre des prisonniers, sans parler des vingt-trois mille blessés ou malades qui se trouvaient dans les hôpitaux de Leipsick. L'armée du prince royal de Suède, réunie avec le corps de Langeron, s'empara de cent vingt-trois canons ; les corps de Blücher et de Bennigsen en prirent cent trente, et la grande armée une cinquantaine. Dans les journées qui suivirent la bataille, on déterra plus de cent pièces abandonnées. On trouva trente mille fusils dans des caisses, sans compter les armes qui furent ramassées dans les rues et sur le champ de bataille.

Le 15 octobre, l'armée française, en y comprenant le corps de Gouvion Saint-Cyr resté à Dresde, et montant à vingt-quatre mille soldats, était forte de deux cent quatre-vingt mille hommes d'infanterie et vingt-cinq mille chevaux; elle avait plus de neuf cents pièces de canon. Après ces combats, Buonaparte n'avait plus à sa disposition que cent mille hommes, dont quinze mille absolument sans armes, et douze mille cavaliers. Il ne lui restait plus que trois cents bouches à feu. La perte de la cavalerie eût été encore plus considérable, si, dès le 18, Buonaparte, afin de couvrir sa retraite personnelle, n'eût fait passer la Pleiss à environ la moitié des régimens de cette arme.

Le maréchal Gouvion-Saint-Cyr, enfermé dans Dresde, était parvenu un moment à se dégager, et à se porter sur Torgau, voulant apparemment se réunir à la garnison de Magdebourg. L'arrivée de forces supérieures le força de rentrer dans Dresde, où il capitula.

Suivant les conventions qui furent arrêtées, la garnison devait rentrer en France, mais ne servir contre les alliés qu'après son échange définitif. Les généraux en chef refusèrent de ratifier cette capitulation. En conséquence, le marquis de Chasteler autorisa le maréchal Saint-Cyr à rentrer dans la ville de Dresde. Celui-ci n'usa point de cette faculté, et fut conduit prisonnier en Bohême. La garnison entière était de trente-six mille hommes.

Une armée beaucoup plus nombreuse, et dont Buonaparte aurait pu tirer un grand parti dans l'intérieur, demeura à Hambourg, sous les ordres du maréchal Davout. Un des bulletins du prince de Suède s'exprime ainsi sur le sort de cette ville infortunée :

« Suivant les dernières nouvelles, un sombre désespoir règne parmi les malheureux habitans de Hambourg. Les soldats sont las de la guerre, et désirent retourner dans leurs familles. On a enlevé la banque.... (1). Lesprincipaux habitans sont contraints de travailler aux fortifications, et ces travaux ne sont interrompus ni jour ni nuit. »

Lubeck, plus heureux que Hambourg, fut rendu par les Danois qui défendirent cette ville, et qui restèrent jusqu'au dernier moment

___

(1) Les principales plaintes portées contre le maréchal Davout, sont : 1° D'avoir fait tirer le canon sur le drapeau blanc, après avoir eu la connaissance certaine du rétablissement du trône des Bourbons; 2° d'avoir enlevé les fonds de la banque de Hambourg; 3° et d'avoir commis des actes arbitraires qui tendaient à rendre odieux le nom français. — Le maréchal a adressé un Mémoire au Roi, dans lequel il répond aux griefs qui lui sont imputés. (Cet ouvrage se trouve chez J. G. Dentu.)

les alliés de Buonaparte. Leur roi, délivré de l'oppression, fit enfin cause commune avec les alliés, et, dans un manifeste du 17 janvier 1814, développa avec amertume ses griefs contre le tyran de l'Europe civilisée. Le prince y représente l'incorporation à l'empire français des villes anséatiques et des provinces voisines, comme la plus grande des calamités pour le commerce du Danemark avec l'Allemagne. Les effets, dit-il, s'en étendirent jusqu'aux communications scientifiques. Il est à remarquer que cette déclaration a été donnée précisément le même jour où le prince Joachim renonça aussi à l'alliance de son beau-frère.

CHAPITRE IX.

Retraite sur le Rhin.

Buonaparte effectua sa retraite sur Erfurt, où il se proposait de prendre de nouvelles munitions. Le général Giulay ne put parvenir, malgré tous ses efforts, à rompre les ponts sur la Saale, ni à s'emparer de l'important passage de Kœsen.

Il y eut pendant plusieurs jours des combats opiniâtres entre l'arrière-garde des Français et les troupes légères des alliés. Buonaparte avait ordonné que l'on se débarrassât des malades, des blessés, et même des bagages les moins indispensables, afin de gagner de vitesse sur les Autrichiens et les Bavarois, qui menaçaient de couper sa retraite. Nous ne décrirons point l'horreur qu'offrait le spectacle de cette fuite non moins précipitée, non moins désastreuse que celle de Moscou. Les maladies, la désertion et les fréquentes escarmouches où l'on perdait à tous momens des prisonniers, affaiblirent tellement l'armée française, qu'à son arrivée à Hanau elle ne se trouva plus que de soixante-dix mille hommes, traînant avec eux cent soixante pièces de canon (1).

Tandis que l'on donnait en France des rapports si mensongers sur la situation des armées et les évènemens de la guerre, les alliés ne faisaient nulle difficulté de publier les bulletins français, et d'en dévoiler les maladroites exagérations. Un rapport autrichien, sur les affaires de Leipsick, se termine en ces termes :

« On a trouvé, sur un courrier intercepté, les bulletins des ennemis sur la bataille de Leipsick, des 16 et 18 octobre, et sur la prise de la ville, du 19. D'après ces nouvelles, les armées alliées ont été défaites le 16 et le 18, et la grande quantité de prisonniers que l'ennemi a perdus à Leipsick, est attribuée à la précipitation avec laquelle les ponts ont été détruits. Nous n'avons pas vu de ponts détruits; *c'est au contraire par les ponts existans que nous avons poursuivi l'ennemi* (2).

---

(1) Ainsi on avait perdu dans cette seule marche, de Leipsick à Hanau, trente mille hommes, et près de la moitié de l'artillerie! *(Note du Traducteur.)*

(2) Il est certain que Buonaparte *a fait sauter le pont*

Le général de cavalerie, comte de Wrede, commandant en chef de l'armée austro-bavaroise, se porta à marches forcées sur Würtzbourg, força le général Thureau à s'enfermer dans la citadelle, et le 29, rencontra les Français entre Rothenbach et Gelnhausen.

Le roi de Bavière ne donna que le 28 octobre son manifeste contre Buonaparte; mais déjà ses troupes s'étaient réunies aux Autrichiens, contre lesquels la Bavière devait d'abord défendre le passage de l'Inn. Le roi s'adressa à son peuple en ces termes :

« Je me suis allié aux plus puissans princes de l'Europe pour maintenir notre indépendance, pour rétablir la paix générale, pour former un équilibre des Etats qui en garantisse la durée, qui, protégeant le commerce, ranime l'industrie, et fasse ainsi renaître la prospérité des peuples. Réunis aux braves Autrichiens, vos fils, vos frères ont déjà combattu

---

de l'Elster, et que cet évènement a été très-préjudiciable à un de ses corps d'armée; mais la destruction d'un seul pont n'eût été d'aucun inconvénient, si les autres dispositions eussent été mieux prises.

pour une cause aussi belle; le ciel bénira nos armes.

« Mais de grands efforts doivent être soutenus avec énergie. Le triomphe de la justice doit être à l'abri des caprices du sort. Que toutes les forces de mon peuple se déploient ! »

Le 30, à onze heures du matin, les Français s'avancèrent en colonnes serrées sur la grande route de Gelnhausen à Francfort-sur-le-Mein. Toutes leurs forces fondirent à-la-fois sur les alliés, et se battirent avec une valeur désespérée. Leurs efforts pour percer le centre de l'armée bavaroise sur la grande route et traverser la Kinzig, et leurs charges terribles de cavalerie sur l'aile gauche, furent sans effet. Les généraux alliés eux - mêmes donnèrent aux soldats l'exemple d'une rare intrépidité. Cependant l'aile gauche du général Wrede avait beaucoup souffert; il la fit retirer pendant la nuit derrière Hanau. Les Français continuèrent leur retraite; et pour mieux la couvrir, tentèrent de prendre la ville d'assaut. Le général de brigade autrichien Dimar repoussa toutes leurs attaques; cependant, afin de rendre plus difficile la retraite des Français, le général Wrede rappela, le 31 à huit

heures, le colonel Dimar, disposa son artillerie sur la rive gauche de la Kinzig, et la fit
jouer avec une activité meurtrière.

Après que la plus grande partie de l'armée
française eut passé, le général Wrede résolut
de reprendre Hanau, et d'exterminer le reste
de l'ennemi. L'assaut fut donné à deux heures
après midi. Le brave général Wrede se mit à
la tête des troupes, et paya courageusement de
sa personne. Un coup de feu, qu'il reçut au bas-
ventre, le renversa de son cheval (1). La chute
de ce chef valeureux redoubla la fureur du
soldat. La ville fut emportée après un combat
meurtrier, mais décisif. Les alliés perdirent
beaucoup de monde, il est vrai; mais on ne
leur prit ni canons, ni drapeaux; et si Buonaparte fit porter en cérémonie, à la régente,
un certain nombre d'étendards conquis, disait-
on, aux combats de Wachau, de Leipsick et
de Hanau, ce grossier charlatanisme n'en im-
posa à personne.

____

(1) Cette blessure, que l'on crut d'abord mortelle,
n'eut point de suites fâcheuses. Trois semaines après, le
général fut ramené à Francfort, et, au bout de cinq semaines, il reprit le commandement.

(Note du Traducteur.)

Buonaparte présenta, dans ses bulletins, l'affaire de Hanau comme une bataille décisive, où il aurait exterminé l'armée austro-bavaroise. La vérité est qu'il vint à bout de forcer le passage, et de gagner le Rhin, mais qu'il paya cher cet avantage.

Le général bavarois, comte de Rechberg, conformément à ses instructions, se porta de Francfort à Sachsenhausen, à l'approche des colonnes ennemies, et fit sauter une partie des ponts sur le Mein.

Buonaparte arriva à Francfort le 31 oc-octobre, ne s'y arrêta que peu d'instans, et passa le Rhin, sur un pont de bateaux, à Mayence. Quelques débris, demeurés en arrière, furent attaqués et détruits par les différens corps des alliés.

Ainsi finit cette campagne mémorable, par l'anéantissement d'une armée terrible, qui naguère faisait trembler l'Europe. Dès ce moment, il ne fut pas difficile de présager les évènemens de 1814, l'affranchissement des peuples asservis à la France, et la délivrance des Français eux-mêmes.

Dans de telles circonstances, Buonaparte osa faire dire au sénat, par la régente son épouse, qu'avec son caractère il ne pourrait vivre tranquille *sous* une couronne flétrie, *sur* un trône déshonoré. C'était prononcer lui-même l'arrêt de sa chute; c'était annoncer qu'il ne voudrait traiter à aucune condition, qu'il pourrait regarder comme humiliante, et par conséquent, que c'était fait de ce qu'il appelait, si ridiculement, *sa dynastie* (1).

Ce qu'il y a d'étrange, c'est encore le défaut de précaution de Buonaparte à s'assurer la Hollande. On l'a vu laisser dans Hambourg une inutile garnison, qui ne servit qu'à faire peser plus long-temps les calamités de la guerre sur des peuples déjà écrasés par tous les genres d'oppression, et n'employer à la défense des Pays-Bas que quelques régimens étrangers. Des armées de douaniers et d'employés des droits réunis, cantonnées sur les divers points des possessions si légitimement acquises à la maison d'Orange, étaient plus

______

(1) Le mot *dynastie* indique une suite de souverains d'une même famille. Cette idée collective peut-elle s'appliquer au règne d'un chef qui est le premier de sa race, et qui peut même, dans l'ordre des choses possibles, survivre à tous ses héritiers présomptifs? Ne pouvait-il pas arriver, en effet, que le fils de Buonaparte et tous ses frères mourussent avant lui? Alors, que devenait sa dynastie?   *(Note du Traducteur.)*

propres à exciter la fureur des peuples, qu'à
les contenir dans la soumission. Aussi des in-
surrections anticipèrent-elles sur les mouvemens de la guerre; et la Hollande, que Buonaparte avait menacée de *rendre à la mer,*
plutôt que de la restituer à son souverain, lui
échappa comme par enchantement.

La Suisse demandait à rester neutre; des
négociations s'engagèrent à cet effet entre les
puissances belligérantes. Buonaparte ne demandait pas mieux que de reconnaître la neutralité de la Suisse; il lui eût été incontesta-
blement plus facile de conserver la ligne du
Rhin. Mais les alliés avaient déjà résolu, et
leurs manœuvres mêmes l'annonçaient, de
passer tranquillement le fleuve sur le pont de
Bâle; ils ne se prêtèrent aux conférences de
Manheim et de Francfort, que le temps nécessaire pour réparer les pertes considérables
qu'eux-mêmes avaient souffertes, donner du
repos à leurs troupes, et pénétrer enfin dans
le cœur de la France.

Ainsi une partie de l'Europe avait déjà cédé
aux remontrances énergiques de l'empereur
de Russie, dans la proclamation datée du 10 février 1813 (1).

____

(1) Je me sers de la traduction qui se trouve dans les
pièces de M. Schoell.

« Autrichiens, disait l'empereur Alexandre, qu'espérez-vous de l'alliance des Français? Vous payez de vos plus belles provinces la perspective d'aller quelque jour perdre la vie sous le fer des Espagnols, pour la défense d'une cause injuste et sacrilège. Votre commerce détruit, votre honneur souillé, vos drapeaux, jadis décorés par la victoire, s'abaissent devant l'aigle de Buonaparte! Voilà les trophées de cette alliance à jamais honteuse !.....

« Rappellerons-nous à la Prusse les horribles infortunes qui l'ont accablée? Ce souvenir pourrait accroître sa fureur, mais non son courage.....

« Hessois! Saxons! Hollandais! Belges! Bavarois! nous vous adressons les mêmes paroles! Réfléchissez, et bientôt vos phalanges vont s'accroître de tous ceux qui, au milieu de la corruption qui vous dégrade, ont conservé quelque ombre d'honneur et de vertu. La crainte peut encore enchaîner vos souverains; qu'une funeste obéissance ne vous retienne pas; aussi malheureux que vous, ils abhorrent la puissance qu'ils redoutent, et ils applaudiront ensuite aux généreux efforts qui doivent couronner votre bonheur et leur liberté. Nos troupes victorieuses vont poursuivre leur marche jusque sur les frontières de l'ennemi. Là , si vous vous montrez dignes de marcher à côté des héros de la Russie(1) , si les malheurs de votre patrie vous touchent , si le nord imite l'exemple sublime que donnent les fiers Castillans , le deuil du monde est fini : nos généreux bataillons entreront dans cet Empire , dont une seule victoire a écrasé la puissance et l'orgueil.

« Si même la France, cette nation opprimée, puisait dans des évènemens aussi extraordinaires quelques sentimens généreux,

---

(1) Le dévouement des Russes a été sans bornes ; on peut en juger par cette note d'un petit ouvrage fort ingénieux :

« Le comte de Soltikoff, fils du maréchal de ce nom, mort depuis à la fleur de son âge, a levé un régiment d'hussards, dont les chevaux ont été tirés de ses haras ; et M. le chambellan Demidoff un régiment d'infanterie , ainsi que le jeune comte Mononoff : ce dernier, obéissant au plus noble mouvement de patriotisme , écrivait à l'empereur Alexandre pour lui offrir la totalité de sa fortune jusqu'à la fin de la guerre, ne se réservant que dix mille roubles par an sur plus de deux cents mille , et demandait , n'ayant point été jusqu'à ce jour militaire, à servir comme sous-lieutenant dans son propre régiment. *(Lettre à son E. Mr. le cardinal Maury*, par M. le marquis de L. M. F. Paris , *in-8°*. J. G. DENTU.)

jetait des yeux baignés de larmes sur le bonheur dont elle jouissait sous ses ROIS, nous lui tendrions une main secourable; et cette Europe, *sur le point de devenir la proie d'un* MONSTRE, recouvrerait à-la-fois son indépendance et sa tranquillité; et de ce colosse sanglant qui menaçait le continent de sa criminelle éternité, il ne resterait qu'un éternel souvenir d'horreur et de pitié. »

ALEXANDRE.

CHAPITRE X.

*Invasion de la Franche-Comté, de la Bour-
gogne et de la Champagne.*

Une ruse de guerre, dit-on, avait sauvé à
Buonaparte une entière défaite devant Hanau.
L'armée austro-bavaroise qui lui disputait le
passage n'était que de trente mille hommes,
et nous avons vu que les forces qui lui restaient étaient plus que doubles; mais Buonaparte se voyait serré de près par la grande
armée des alliés; les troupes légères, les terribles Cosaques menaçaient de le déborder. Un
seul instant perdu lui fermait peut-être pour
jamais le retour en France. Quelques officiers
de son conseil conçurent une idée lumineuse.
Un convoi de charriots défendu par une faible
escorte fut envoyé par un chemin détourné ;
les Austro-Bavarois, attirés par ce butin, cou-
rurent attaquer le convoi, et pillèrent les
fourgons où il ne laissait pas de se trouver des
objets assez précieux. Pendant que l'attention
de l'ennemi était distraite de ce côté, le ma-

réchal Macdonald fit une charge vigoureuse,
et l'on renversa tous les obstacles.

Cependant Buonaparte fut presque étonné
lui-même d'avoir échappé à tous ces périls; il
calcula ses ressources, vit que la domination
du monde, celle même de la France, allaient
lui échapper, et depuis ce temps il ne sut
plus faire ni la paix ni la guerre.

M. de Saint-Aignan, conduit par les évènemens de la campagne au milieu du camp des
alliés, eut avec divers ministres des explica-
tions fort étendues. On lui indiqua, en termes
non équivoques, à quelles conditions Buonaparte pourrait encore obtenir la paix. Cette
démarche ne fut point accueillie. La réponse
de Buonaparte fut insignifiante et dérisoire.
Le congrès qui devait s'ouvrir à Manheim
n'eut point lieu; et dans le moment même
où Buonaparte annonçait au corps législatif
qu'il avait consenti à reconnaître la *neutralité
de la Suisse*, les alliés s'ouvraient un passage
par le pont de Bâle, et sous le canon de Huningue.

On voulut faire croire au bon peuple de Paris
que cette invasion *subite* était l'effet unique
de la défection des Bavarois, dont le grand
Napoléon n'avait pu prévoir l'ingratitude.

« Il y a aujourd'hui cinq ans, disait-on dans le journal de l'Empire du 29 décembre, que l'empereur Napoléon, apprenant du fond de l'Espagne que la Bavière était menacée, partit *à franc étrier* (1) d'Astorga, vint à Paris, leva une conscription, marcha au secours du roi son allié, chassa l'ennemi de son territoire, et termina la guerre, en l'agrandissant, etc.

« Il est remarquable que l'officier, chargé par les alliés de corrompre le commandant d'Huningue et du fort Mortier, fait partie de l'armée bavaroise. Ce qui est encore plus frappant, c'est qu'il est né en France : il s'appelle aujourd'hui *Frauberg;* mais son véritable nom est *Montjoie* (2). On voit qu'il n'a rien voulu conserver de français....

« Il s'acquitte aujourd'hui des bienfaits de Napoléon, et sa reconnaissance est écrite en

---

(1) Je ne sais pas trop si une berline de poste marche *à franc étrier,* et si cette expression est admise par l'Institut.   *(Note du Traducteur.)*

(2) **M.** le directeur du journal semble donner ici *Frauberg* comme la traduction de *Montjoie;* mais il y a une petite difficulté : *frau,* en allemand, signifie *femme,* et non pas *joie,* ni *joyeux.* Il aurait fallu *frohberg. (Ibid.)*

caractères indélébiles sur les portes d'Huningue. »

Dans un autre article, on présentait l'invasion de la Suisse comme une grande leçon
pour les Français :

« Cet acte de violence et de perfidie, disait-
on, doit éclairer les peuples sur les discours
trompeurs des coalisés ; et quand leurs proclamations nous parlent de bonne-foi et de mo-
dération, les Suisses nous crient : Français,
levez-vous, repoussez l'étranger qui vous mé-
prise ! exterminez l'ennemi qui *vous apporte
des fers !* »

Cette invasion eut lieu le 21 décembre.
La veille, les ministres autrichiens et russes
notifièrent au landamman de la Suisse le mouvement très-prochain de leur armée, mouvement auquel la nation helvétique n'avait ni
la puissance, ni la volonté, ni l'intérêt de
résister.

Que faisait Buonaparte ? Quelle digue allait-
il opposer à ce torrent ? *Ce grand homme
bien rappetissé*, comme l'a dit énergiquement
Moreau, frappé de la conduite qu'il tint dans
la retraite de Moscou, était tranquillement à
Paris, ne rêvant que levées en masses, guerres

de partisans, et voulant tout ramener au sys=
tème de ces *grandes compagnies* qui déso=
lèrent la France sous les règnes de Jean et
de Charles V. Après avoir tourné en dérision
les *landwehr,* les *landsturm,* on se proposait
d'enchérir sur ces moyens de défense !

Un article semi-officiel, inséré dans le journal de l'Empire, fit frémir toutes les personnes
sensées. On y parlait, avec une sorte d'indifférence philosophique, de ruiner les ponts et les
grands chemins, d'abattre les arbres des routes,
supplément si nécessaire aux forêts ; d'incen-
dier les magasins, les villages, d'exposer les
villes elles-mêmes au plus affreux pillage par
une défense inutile. Les femmes, les enfans,
obéissant à l'appel de leur féroce dominateur,
devaient se transformer en assassins, égorger
les hommes isolés, les malades abandonnés
dans les hôpitaux. Quelle page sanglante dans
l'histoire de *Napoléon,* si ces exploits éphé-
mères n'étaient pas signalés à la postérité autrement que comme les brigandages d'un aventurier en délire !

La partie saine de la nation ne pouvait s'opposer à ces mesures funestes ; le corps législatif avait osé prononcer le mot de paix ; le sénat, plus timide, avait cependant laissé échap-

per son vœu par l'organe de M. de Fontanes.

On dut alors être convaincu des suites funestes de la folle entreprise du général Malet. Cette tentative téméraire, pour laquelle
aucun moyen d'exécution n'avait été ni calculé ni préparé, à laquelle, quoiqu'on en dise,
ne prirent part aucuns des personnages portés à
leur insu dans les listes du gouvernement provisoire, avait fait connaître au tyran le point
vulnérable de sa puissance. Toutes les mesures avaient été prises pour contenir le sénat ;
la régence qui avait eu lieu *tacitement* pendant les campagnes précédentes, était légale-
ment, régulièrement organisée ; on n'avait
laissé à l'état-major et dans la garnison que
des hommes dont on se croyait bien sûr.

D'un autre côté, le gouvernement de Buonaparte avait trouvé dans l'institution des *gardes d'honneur* une autre garantie. En formant
des régimens entiers de jeunes gens de famille,
arrachés tout-à-coup aux jouissances de la vie
privée, à la magistrature, au barreau ou au
commerce, on s'était donné des otages de la
fidélité de leurs parens.

Ce n'était pas tout : on avait exigé des conseils municipaux et de presque tous les corps
de l'Etat, des protestations contre la conduite

du prince royal de Suède, qui, porté malgré lui, peut-être, sur les marches d'un trône étranger, n'avait pas cru devoir sacrifier bassement les intérêts de sa patrie adoptive ; je dirai plus, les intérêts bien entendus de son pays natal lui-même, à l'ambition insensée du perturbateur de l'Europe. On espérait que la crainte de la vengeance déterminerait toutes les villes à une défiance opiniâtre.

Tout cela n'empêchait point cependant que les habitans ne se conduisissent, lorsqu'ils étaient libres de le faire, selon les principes de la raison et suivant leur propre intérêt. Dans plusieurs villes, les alliés étaient reçus comme des libérateurs, et par-tout on s'empressait, par des rétributions volontaires, à prévenir les excès que les lois de la guerre autorisent quelquefois à commettre.

Le feld-maréchal de Blücher eut fort à se louer de la réception qui lui fut faite le 20 janvier, à Nancy. Il s'adressa en ces termes à la députation qui vint à sa rencontre :

« Enfin la Providence a, dans sa justice, conduit nos armes sur le territoire de la France. Toute l'Europe est sortie de sa fatale sécurité par l'insatiable ambition de l'homme

qui, depuis quatorze ans, gouverne despoti-
quement votre patrie. Les peuples du Volga,
du Danube, de l'Elbe, de la Tamise, se sont
soulevés contre lui...... Il a forcé ceux-mêmes
de ces peuples qui n'étaient pas guerriers à
le devenir, par ce qu'ils ne pouvaient plus
supporter un asservissement honteux.

« Il est pénible pour moi, Messieurs, de ne
pouvoir vous épargner tous les maux que la
guerre entraîne inévitablement à sa suite; je
m'efforcerai du moins de les alléger, etc. »

Buonaparte n'avait plus d'armée, si l'on excepte les corps de la vieille et de la jeune
garde, que l'on ménagea jusqu'aux derniers
momens. Il n'avait pas même de *places fortes*;
car des forteresses sans garnison ne méritent
point cette dénomination. Il avait laissé une
armée toute entière à Hambourg, sans aucune utilité : une autre armée défendait An-
vers; mais les places de la Flandres et de la
Lorraine, qui eussent occasionné de grandes
inquiétudes à l'ennemi, qu'il n'eût certainement pas laissées sur ses derrières si elles
eussent été garnies du nombre d'hommes nécessaire, étaient dans l'état le moins imposant.
On en trouve l'aveu dans les rapports officiels

du chef de l'armée française. Il y est dit que les alliés ont eu l'imprudence de pénétrer au cœur de la France, en laissant, pour bloquer les forteresses, des corps *plus faibles que les garnisons*. C'est dire assez clairement que les alliés ne couraient pas de grands périls en s'avançant dans la partie du royaume où ils ne pouvaient être arrêtés à la vérité par aucune place forte; mais où la nature a multiplié les moyens de défense, où les cours tantôt parallèles, tantôt sinueux et croisés dans tous les sens, de la Saône, de l'Aube, de la Marne, de la Seine, offrent une multitude d'obstacles si difficiles à franchir.

Les alliés firent d'abord un mouvement sur Genève et Lyon, afin d'attirer de ce côté des renforts que Buonaparte faisait venir d'Espagne à marches forcées. Le bruit de la prise de Lyon courut à Paris pendant quelques jours, et n'étonna personne. Mais cette manœuvre était feinte : c'était sur Langres et Chaumont, c'était sur la Lorraine et une partie de la Flandres que les alliés portaient des coups plus décisifs. Après avoir tourné les faibles corps qui défendaient le Rhin, ils n'éprouvèrent plus d'obstacles dans le passage direct de ce fleuve.

Leur nombre était formidable : sans parler des *landsturm* qui continuaient de bloquer les places de l'Oder et de l'Elbe, on porte à deux cent cinquante mille hommes la force des armées autrichiennes en France et en Italie. Les Russes avaient sur pied deux cent cinquante mille hommes ; les Prussiens deux cent mille ; les levées en masse des états de l'Allemagne que Buonaparte voyait se tourner désormais contre lui, se montaient à deux cent quatre-vingt-dix mille hommes ; enfin les Suédois fournissaient trente mille hommes, et les Danois et les Napolitains détachés de l'alliance de Buonaparte, fournissaient, les premiers, dix mille hommes, les seconds, trente mille. Si l'on veut compter ensuite les armées anglaises d'Espagne et de Hollande, qui se montaient à soixante mille soldats, et l'armée espagnole et portugaise, forte de quatre-vingt mille hommes, on aura en tout un million deux cent trente mille soldats.

Nul doute que des forces aussi imposantes, obéissant à l'autorité d'un seul chef, et surtout d'un général impétueux comme Suwaroff, ne fussent arrivées en peu de jours sous les murs de Paris, sans même avoir à livrer de bataille rangée, tant était grande la désorganisation des troupes françaises. Les plus cruelles calamités fussent résultées de cette campagne rapide. Heureusement pour les Français, il ne pouvait régner entre des coalisés cet accord prompt et unanime d'opinions ; et d'ailleurs, comme on vient de le dire, les localités présentaient des difficultés considérables. On fit donc une guerre méthodique. On se livra, avec des armées immenses, à ces marches et contre - marches qu'exécutaient autrefois les Turenne, les Condé, les Montécuculli, avec des corps de vingt, trente, quarante mille hommes au plus.

Il résulta de tous ces mouvemens d'hommes et de chevaux, des malheurs affreux pour les campagnes. Les infortunés paysans furent pillés tour-à-tour par les Russes, par les Cosaques, par les Prussiens, par les Autrichiens et par leurs propres compatriotes. On a beaucoup exagéré dans les journaux français le tableau de ces atrocités : on avait intérêt à le faire ; mais le plus grand nombre de ces faits n'est malheureusement que trop réel, et toutes les guerres en offrent de semblables (1).

---

(1) Buonaparte, en arrivant à Pont-sur-Seine, où se trouvait un château de *madame sa mère,* fut indigné

On affectait quelquefois de taire par ménagement les noms des victimes ; mais on les dé-
signait si clairement par leurs demeures, qualités, et autres circonstances, qu'autant aurait
valu n'user d'aucune réserve, si ces personnes
existaient véritablement. Or a remarqué ce
passage curieux des doléances rédigées par un
complaisant auditeur :

« Au village de * * *, une infortunée, dont
« on taira le nom, vit sa maison infestée par

---

de voir les glaces brisées, les meubles renversés. Il demanda, avec colère, quel était le corps d'armée *ennemi*
qui avait fait ce ravage ? On lui répondit que c'était un
détachement de sa garde, auquel on n'avait pas voulu
ou pas pu offrir des subsistances, et qui s'était vengé,
avec quelque justice, de cette imprévoyance de gens
plus intéressés que d'autres à venir au secours de l'armée
française. Buonaparte garda le silence.

Dans les rapports qui étaient si fastueusement affichés
sur les murs de Paris, afin d'apprendre aux habitans le *sort*
que leur réservaient les barbares du Nord, on avait soin
de ne parler que des Cosaques, très-peu des Prussiens,
et pas du tout des Autrichiens. Un auditeur au conseil
d'état, chargé de verbaliser dans la ville de ***, où les
Autrichiens avaient réellement commis des excès, parce
qu'on s'y était défendu, et qu'on avait même tiré sur un
parlementaire, mit ces ravages sur le compte des Russes,
qui n'y avaient point paru. *(Note du Traducteur.)*

« une bande de Cosaques, et subit les derniers
« outrages..... Le sieur M*** (le nom en toutes
« lettres), *son mari*, vint à son secours, et
« fut estropié, etc. »

Buonaparte fit concentrer du côté de Chaumont les différens corps d'armée qui s'étaient
retirés des bords du Rhin et de la Lorraine
devant des forces supérieures. Il levait des
nuées de conscrits, et organisait des corps-
francs plus propres peut-être à augmenter le
désordre qu'à y remédier, ou qui tout au
moins ne furent d'aucune utilité (1).

---

(1) Un détachement de ces corps reprit la diligence
de ***, dont venaient de s'emparer quelques Cosaques,
et avant que les bagages en eussent été enlevés. Les voyageurs accourent pleins de joie, et veulent reprendre possession de leurs effets. « Un instant, répond le chef du
« corps-franc, c'est sur l'ennemi que j'ai conquis le butin :
« il ne vous appartient plus. » La cause fut plaidée devant un tribunal de commerce, qui prononça en faveur
des voyageurs spoliés, contre les *Cosaques français*.

Le colonel Simon reprit aussi, des mains des Cosaques, la diligence de Coulommiers. Ce premier exploit
du fameux *corps-franc* fut annoncé dans le journal de
l'Empire, du 11 mars, d'une manière qui rappelle les
anciennes *carmagnoles*.

« Cette escarmouche, dit-on, dans laquelle le colonel

A **Paris** on passait revues sur revues ; les régimens, à peine arrivés dans la capitale après
des marches extrêmement pénibles, étaient, de
la place du Carousel, dirigés sur un corps d'armée, et quelquefois recevaient contr'ordre en
route. La garde nationale s'était formée assez
promptement, parce qu'on sentait la nécessité
de réprimer, au besoin, les mouvemens de la
populace, plus dangereuse que les ennemis
extérieurs. On faisait dans les légions diverses
insinuations pour lever un certain nombre
d'hommes par compagnie, et les envoyer à
Meaux, à Melun ou à Corbeil, en *observation* ; mais ces propositions étaient mal accueillies ; et M. Regnault, natif de Saint-Jean
d'Angély, ayant voulu haranguer, à l'ancien
théâtre des Italiens, la légion qu'il avait l'honneur de commander, reçut des remontrances
fort énergiques.

Les partisans de Buonaparte conservaient

Simon n'a perdu qu'*un seul homme prisonnier*, et n'a
eu qu'*un seul blessé*, fait le plus grand honneur au
corps ; et l'on tient pour certain que s'il eût eu *cinquante
cavaliers montés*, aucun cosaque n'eût échappé. L'ennemi, au nombre de *quatre cents environ*, a eu plusieurs hommes tués. (*Note du Traducteur.*)

encore de l'espoir, à cause de la sérénité qu'il affectait. Il parcourait les rues de Paris, et sur-tout les boulevards. Des jeunes gens (qui étaient toujours les mêmes) le suivaient en criant : *Vive l'empereur!* et demandaient à servir comme volontaires dans sa garde, ce qui leur était accordé. Des enrôlemens étaient ouverts dans les mairies, mais il ne s'y présentait que des conscrits de 1815, ou des conscrits rappelés des années antérieures ; aussi ne leur tenait-on pas grand compte de leur dévouement.

Les corps de volontaires qui devaient être formés avec des priviléges ou des avantages particuliers, ne furent jamais organisés. Les nouveaux enrôlés étaient tout simplement conduits à un dépôt de conscrits, puis, peu de jours après, menés à l'armée sans avoir jamais fait l'exercice.

Après avoir réuni tous ses moyens, Buonaparte quitta enfin, le 25 janvier, la capitale où il ne devait plus rentrer. Dès le soir même on répandit le bruit que les alliés étaient en pleine déroute, que la présence de Buonaparte allait achever de les détruire, que l'indignation des paysans ne leur laisserait pas même repasser le Rhin. Le lendemain et jours suivans, mêmes impostures dans les feuilles politiques. On avait commandé à deux auteurs, Messieurs Baour-Lormian et Etienne, un opéra de circonstance. La représentation de l'*Oriflamme* (1) eut lieu le jour même où commencèrent à percer à

(1) Il a paru, dans les premiers jours de l'heureuse révolution qui nous a rendu nos princes légitimes, un ouvrage (*De l'Assassinat du duc d'Enghien*, etc., 5e éd., p. 46.) qui donne des détails curieux, relatifs aux *mesures* employées par la Police pour faire applaudir cette pièce. Nous ne pouvons pas garantir l'authenticité de ces détails, puisque l'auteur de cet ouvrage ne s'est point nommé ; mais nous ne saurions concevoir le motif qui a engagé M. Etienne à garder le silence sur l'inculpation grave qui lui est faite, de s'être servi des *agens de la Police* pour faire réussir l'*Oriflamme* et l'*Intrigante*. Nous nous rappelons aussi les articles abominables, insérés dans le journal de l'Empire, contre le prince royal de Suède, et nous ne craignons pas d'avancer ici, que tous les hommes de bien ont partagé la juste indignation dont nous avons été saisis à la lecture de ces articles ; que nous avons été réunis d'intention pour vouer à leurs auteurs ou instigateurs le plus profond mépris. Nous renvoyons nos lecteurs, pour ce qui concerne les intrigues du *bureau de l'esprit public*, à l'ouvrage de M. Pichon (*de l'Etat de la France sous la domination de Buonaparte*), pag. 251 et suiv. Paris, in-8°, J. G. Dentu. (*Note du Traducteur.*)

Paris les premières rumeurs d'une bataille qui venait de se donner à Brienne. L'impératrice, disait - on, devait venir à l'Opéra, et faire lire devant le public assemblé le bulletin d'une grande victoire remportée par Buonaparte. Cette nouvelle fut publiée avec emphase dans le Journal de l'Empire (1). Toute l'artillerie ennemie, disait-on, était engouffrée dans la forêt de Vassy ; l'armée de Blücher était détruite, tous les autres corps étaient coupés et privés de leurs communications. Buonaparte venait de sauver la

____

(1) Cette prétendue victoire fut annoncée dans le Moniteur, d'une manière amphigourique, et équivalente à un démenti solennel. Le journal de l'Empire se rétracta le 6 février en ces termes :

« La prétendue lettre écrite à Châlons-sur-Marne, « et *attribuée au ministre secrétaire d'état*, dont nous « avons fait mention dans notre N° du 2, était controu- « vée. »

Notez bien qu'on ne fit aucune poursuite pour connaî- tre le faussaire, le coupable auteur d'une nouvelle, qui, n'eût-elle été qu'une *spéculation financière*, une affaire de bourse, eût mérité un châtiment au moins égal à celui qui vient d'être prononcé, à Londres, contre lord Cochrane et consorts.

France dans le lieu même qui avait été le berceau de sa gloire militaire (1).

Voici les propres termes dans lesqnels s'exprimait, le 2 février, le directeur de cette feuille, avant de rendre compte du succès PRODIGIEUX qu'avait obtenu la première représentation de l'*Oriflamme* :

« Un courrier, parti hier du quartier-général, est arrivé aujourd'hui à Paris à quatre heures du matin. Il rapporte que le 29 et le 30 janvier, on s'est battu vivement au-delà de Brienne, et que l'ennemi a été mis dans une déroute complète. Au départ du courrier, il était déjà arrivé quinze mille prisonniers et vingt-cinq pièces de canon.....

« Quelle émotion n'a pas dû éprouver Sa Majesté, en se retrouvant (à Brienne) dans une contrée où elle passa les premiers jours de sa jeunesse, et en SAUVANT LA FRANCE (2)

---

(1) Il avait été élevé à l'école militaire de Brienne.
(Note du Traducteur.)

(2) Ce n'est pas de ce jour-là que date notre *salut*, c'est des premiers jours de *mars*, lorsque Buonaparte refusa avec orgueil les conditions que les alliés se croyaient encore, en conscience, obligés de lui offrir.
(Ibid.)

aux lieux mêmes où l'étude avait développé ce
génie sur lequel reposent nos destinées.....

« Le grand mouvement national s'exécute
de toutes parts; la France se couvre de soldats
et se hérisse de fer..... Lord Cathcart peut
maintenant écrire au ministère anglais que les
alliés sont bien reçus en France. Oui, *ils sont
bien reçus :* il n'y a que manière de s'entendre. »

On fut consterné en lisant le lendemain dans
le Moniteur un article très-court qui, bien loin
de confirmer la nouvelle de ces brillans avantages, mettait les personnes, en état d'interpré-
ter de pareils rapports, sur la voie de la vérité.

Ce fut plusieurs jours après, et lorsqu'on
eut effectué une retraite devenue très-diffi-
cile, que l'on osa s'expliquer sur l'affaire de
Brienne, et les évènemens qui l'avaient précédée.

On lit dans le bulletin, que Napoléon était
arrivé à Vitry le 26 janvier, tandis que Blücher, passant la Marne, marchait sur Troyes.
Les Prussiens se portèrent le lendemain sur
Brienne, au nombre de quarante mille hommes; ils s'emparèrent du château, occupèrent
une très-belle position, mais négligèrent d'y

conserver des forces suffisantes, et le château fut repris. Cet évènement contraignit les Prussiens à changer de position; mais bientôt secondés par les Autrichiens ils revinrent à la charge, et forcèrent les Français à la retraite.

« Cette journée, dit le bulletin français, où notre arrière-garde tint dans une vaste plaine contre toute l'armée ennemie et des forces quintuples, est un des beaux faits d'armes de l'armée française.

« Au milieu de l'obscurité de la nuit, une batterie d'artillerie de la garde, suivant le mouvement d'une colonne de cavalerie qui se portait en avant pour repousser une charge de l'ennemi, s'égara, et fut prise. Lorque les canonniers s'aperçurent de l'embuscade dans laquelle ils étaient tombés, et virent qu'ils n'avaient pas le temps de se mettre en batterie, ils se formèrent aussitôt en escadron, attaquèrent l'ennemi, et sauvèrent leurs chevaux et leurs attelages. Ils ont perdu quinze hommes tués ou faits prisonniers.

« A dix heures du soir, le prince de Neufchâtel, visitant les postes, trouva les deux armées si près l'une de l'autre, qu'il prit plusieurs fois les postes de l'ennemi pour les nôtres. Un de ses aides-de-camp, se trou-

vant à dix pas d'une vedette, fut fait prisonnier. »

La bataille de la Rothière qui suivit le combat de Brienne, et dont les bulletins français
ne parlent que comme d'un *engagement d'arrière-garde*, fut opiniâtre. Peu s'en fallut que
Buonaparte ne fût coupé. Il résolut, ce *jour-
là*, de ne point survivre à la honte d'une défaite, chargea à la tête de la jeune garde, et
eut, dit-on, un cheval tué sous lui. Il réussit
à degager son armée, en laissant soixante-
neuf pièces de canon, quatre mille prisonniers,
et le champ de bataille jonché de morts et de
mourans.

Voici comment s'expliqua sur cet évènement le bulletin des Prussiens ; la sincérité
peut en être d'autant moins suspecte, que les
alliés avouent l'extrême supériorité de leurs
forces, lorsqu'ils eurent réuni tous leurs
moyens.

« L'empereur de Russie et le roi de Prusse
se sont trouvés de leur personne à la bataille
de la Rothière. Ils s'étaient placés au centre
de la ligne, entre ce village et celui de
Trannes. Leur présence excita parmi les troupes le plus vif enthousiasme. Dans la nuit, ce-

pendant, les gardes à pied et à cheval, russes et prussiennes, évacuèrent Trannes.

« Le lendemain, 2 février, à sept heures du matin, le feld-maréchal Blücher fit ses dispositions pour recommencer le combat.... L'ennemi se retira, et on le poursuivit dans la direction de Paris.

« Dans cette bataille, les Français avaient réuni toutes leurs forces; mais, du côté des alliés, les corps de Collorédo, Wittgenstein, York et Kleist, en outre les réserves autrichiennes et russes, et aucunes des gardes ne prirent part à l'action.

« *Comment, avec des forces si inférieures, l'ennemi a-t-il pu hasarder une bataille?*

« Napoléon ayant trouvé moyen de faire prendre les armes aux habitans de quelques villages, les alliés se sont vus dans la fâcheuse nécessité de détruire ces villages et de faire fusiller les coupables. »

Buonaparte ayant passé l'Aube à Lesmon, le 2 février, arriva à Troyes le lendemain matin à midi. Il y avait été précédé par un grand nombre de charriots remplis de blessés. Cependant, on s'efforçait de persuader aux habitans que l'armée française était victorieuse, qu'elle venait d'exterminer un corps d'armée qui marchait sur la ville, et se flattait de s'avancer ensuite sur Paris sans opposition. Le flegme imperturbable de Buonaparte était propre à confirmer ces assertions mensongères (1).

Les alliés firent encore un changement de manœuvre ; ils longèrent la rive gauche de la Seine, vers Sens et Joigny, comme s'ils voulaient se porter sur Fontainebleau, et éviter le double syphon que forment les coudes de la Seine et de la Marne. En même temps, ils envoyaient des troupes légères du côté de Roye et d'Amiens, comme s'ils menaçaient la Normandie, débordant ainsi l'armée française sur ses deux ailes.

Cette manœuvre affaiblissait considérablement leur centre ; ils manifestaient clairement

____

(1) Il descendit dans la maison de M. ***, où il trouva un repas somptueusement servi. « Ah! dit-il, on a eu « raison ; j'ai bien faim. » Mais il ne se mit point à table ; il coupa seulement une tranche de pain , y ajouta quelques autres alimens peu recherchés, et, ayant reçu tout-à-coup un message par un de ses aides-de-camp , il demanda un cheval frais, et partit. On ne saurait croire combien ce charlatanisme de sobriété et d'activité imposait au vulgaire, toujours prêt à regarder comme grands hommes ceux qui n'agissent pas comme les autres. *(Note du Traducteur.)*

leur but, celui de favoriser un mouvement de Buonaparte en avant, par Nogent et Troyes, de l'envelopper ensuite, et d'arriver avant lui sous les murs de la capitale.

Buonaparte eût donné dans ce piège, s'il n'eût pas manqué de vivres; ou plutôt on croit que son intention était désormais d'abandonner la France, qu'il ne pouvait plus défendre, de faire une trouée, de marcher sur Lyon, et de se joindre en Italie au prince Eugène, avec tout ce qu'il pourrait lui amener de renforts; mais le plus grand désordre régnait dans l'administration de l'armée, et cela seul rendait une pareille tentative inexécutable. C'est ce qu'atteste fort énergiquement un ordre du jour, daté de Nogent, le 8 février:

« L'empereur, y est-il dit, témoigne son mécontentement à l'armée, sur les excès auxquels elle se livre. Ces excès, qui sont blâmables dans toutes circonstances, deviennent le plus grand crime lorsqu'ils sont commis sur notre territoire. Les chefs de corps et les généraux sont prévenus qu'ils sont responsables de ces excès. Les habitans fuient par-tout, et l'armée, qui doit défendre le pays, en devient le fléau. »

Les alliés, soupçonnant les intentions de Buonaparte, résolurent de s'y opposer. Ils le laissèrent rentrer dans Troyes ; mais ils firent rétrograder le général autrichien Bianchi sur l'armée qui avait momentanément occupé Mâcon. Pendant cette manœuvre, qui affaiblissait la gauche des alliés, déjà maîtres de Fontainebleau et du passage de la Seine à Bray et à Montereau, leur droite fit un mouvement hardi, auquel les circonstances ne permirent pas d'avoir de succès.

Les généraux prussiens, Blücher, York et le général russe Sacken, s'étaient portés rapidement, vers la mi-février, sur Château-Thierry et la Ferté-sous-Jouare. Leurs troupes légères se montrèrent aux portes de Meaux, et l'on assure que, dans un moment de gaîté, Blücher se vanta d'arriver à Paris pour les *jours gras* (1). Buonaparte, profitant des localités qui forçaient les alliés à ne communiquer entr'eux que par de longs détours, rassembla à l'improviste ses meilleures troupes, et fondit sur le général Alsuvieff, dont le corps, posté à Champ-Aubert, formait la liaison entre Blücher et Sacken. Ce corps était de

____

(1) Le jeudi gras était le 17 février.

douze régimens ; il fut culbuté. Les Français s'emparèrent de huit mille prisonniers et de plusieurs pièces de canon.

Ce succès éphémère fut d'une grande utilité à Buonaparte. Il ranima la bonne volonté chancelante de la garde nationale (1). La nouvelle de la victoire arriva, comme par un fait exprès, au milieu d'une revue que Joseph Buonaparte passait dans la cour des Tuileries. Les *bulletins vivans*, les nouvellistes, qui avaient coutume de débiter sous les quinconces des Tuileries les avantages de la grande armée, exagérèrent celui-ci. A les entendre, les corps de Blücher, d'York et de Sacken étaient anéantis ; ces généraux étaient eux-mêmes tués ou blessés, et les Autrichiens, découragés, quittaient la partie. Déjà, disait-on, l'empereur d'Autriche implorait la paix à grands cris ; le prince de Lichtenstein était venu demander un armistice ; mais Napoléon avait exigé, comme condition préalable, l'évacuation de tout le territoire en-deçà du Rhin. A ce

---

(1) Les élèves des Ecoles de Droit et de Médecine, qu'on avait voulu transformer en canonniers, ne furent pas très-enthousiasmés de la nouvelle. Ils accueillirent fort mal l'orateur qui vint les haranguer.

(Note du Traducteur.)

prix, il voulait bien permettre aux alliés de retourner en Allemagne et en Russie.

On ne saurait se faire une idée des impostures grossières qui étaient insérées dans les journaux, par ordre de la police de Buonaparte. Quelques-uns de ces articles étaient rédigés par des hommes qui n'avaient point pris pour devise : *Vitam impendere vero,* et qui, comme la chauve-souris de la fable, étaient toujours prêts à arborer les couleurs du parti dominant.

Le journal de l'Empire était un des plus zélés à propager les faux bruits, à leur donner de la consistance par la manière adroite et même dramatique dont les évènemens étaient présentés.

On lisait, par exemple, dans le numéro du 2 février, le récit d'un prétendu militaire, soi-disant fait prisonnier dans une reconnaissance, et qui rendait compte, avec beaucoup de détails, de ses entretiens avec les généraux ennemis.

La seule chose qu'oubliât l'honnête correspondant, c'était d'expliquer comment l'ennemi l'avait laissé revenir dans la capitale, tout exprès apparemment pour raconter ces belles choses.

« Que ne puis-je, disait-il, vous rapporter

toutes les bravades que j'ai été réduit à entendre ! D'après ces Messieurs, la France était
perdue sans ressource ; il dépendait d'eux de
la faire disparaître de la carte de l'Europe;
Paris était une proie qui ne pouvait leur
échapper, et, comme les chasseurs de la fable,
ils s'en partageaient d'avance les dépouilles.
Déjà la colonne d'Austerlitz et les arcs de
triomphe étaient renversés, l'Apollon du Bel-
védère, la Vénus et les chefs-d'œuvre de nos
Musées allaient orner les bords délicieux de
la Néva; les chevaux de Venise devaient voyager encore, et le char de la Victoire être
traîné sur les glaces de Pétersbourg. Ajoutez
à cela mille petites gentillesses sur les femmes
de Paris, sur l'Opéra, sur les spectacles et les
bals masqués, des plaisanteries du meilleur
goût sur la garde nationale, sur les fortifications des barrières ; et vous pouvez vous faire
une idée de l'amabilité russe et de la politesse
prussienne, etc., etc. »

La grande victoire remportée à Nangis sur
l'armée des alliés, qui n'engagèrent et ne
durent engager en effet qu'un combat d'arrière-garde, fut l'objet des rodomontades *officielles* les plus arrogantes.

Un correspondant actif du journal de l'Empire, écrivit, soi-disant de Provins, le 2 février, une lettre qui fut insérée dans le N° du 26; et il y présenta l'affaire de Nangis sous les couleurs les plus fausses :

« Le combat de Nangis, disait-il, nous a paru prouver que l'ennemi ne *peut plus compter sur cette belle cavalerie qu'il a tant vantée*...... De belles routes, de grandes plaines, permettaient à la cavalerie de manœuvrer aussi *commodément* que dans le Champ-de-Mars. Où étaient donc ces *formidables escadrons* qui devaient, le lendemain, passer en triomphe sur le pont de Charenton ?..... »

Le même auteur, traçant le tableau des prétendues dévastations commises par les Cosaques (toujours les Cosaques!), supposait, pour donner une idée plus forte de la férocité de leurs mœurs, qu'ils avaient coutume de mettre des *bœufs tout entiers à la broche,* et de les rôtir au feu des arbres *coupés sur la route.* » Mais cette lettre se termine d'une manière encore plus curieuse :

« Un Russe a dit en français, à un habitant de Provins, *qu'on ne ferait d'autre mal à Paris que de le brûler.*

« *Monsieur* Platoff, l'hetman des Cosaques, ne veut, dit-on, donner la main de sa fille qu'à celui qui entrera le premier à Paris, les armes à la main, fût-il un simple soldat. *Mademoiselle* Platoff ne sera pas mariée de sitôt. »

Cette dernière assertion, publiée sur la foi d'un anonyme (1), fit tellement fortune, qu'elle a été répétée dans tous les journaux étrangers. Quoique le prince Platoff n'ait peut-être jamais eu de fille, cela n'empêche pas que l'on ne trouve, chez tous les marchands d'estampes de Londres, le portrait de *miss Platoff*.

Quel mensonge ridicule ! N'eût-il pas été facile aux alliés, dès la mi-février, d'envoyer aux portes de la capitale des troupes légères, qui eussent pénétré facilement dans les faubourgs, malgré les ridicules palissades des barrières, et eussent répandu dans Paris une inexprimable confusion ? Mais ce n'était pas *les armes à la main* que les alliés prétendaient

____

(1) Les rédacteurs actuels du journal des Débats ne voudraient peut-être pas divulguer les noms des auteurs de tous ces articles, de peur de trop faire sentir le vide qui s'est opéré dans leurs rangs. On lit dans le dernier N° des *Annales des Voyages* (cahier 67, page 124) : « Le journal de l'Empire est *désorganisé* par la mort de « Geoffroy et la *séparation* de M. Malte-Brun. » Voilà

s'introduire dans Paris ; il entrait, au contraire, dans leur sage politique, de ne point irriter par de vaines menaces ou des agressions imprudentes, une population que les suppôts de Buonaparte voulaient à toute force armer, et par conséquent sacrifier.

Dans une seconde lettre, soi-disant écrite de Troyes, le 25 février, insérée dans le numéro du 4 mars, le même individu attaquait, de la manière la plus inconvenante, la personne même des souverains alliés, et la conduite que chacun d'eux avait tenue à Troyes. N'osait-il point blâmer l'empereur d'Autriche d'être allé à la messe, le roi de Prusse d'être allé au spectacle, l'empereur de Russie d'avoir donné un concert?

« L'empereur Alexandre, disait-on, se conduisait avec la plus grande lésinerie. S'il daignait distribuer quelque argent aux pauvres, il donnait à chacun trois ou quatre *kreutzers*, environ trois sous de France. »

Notez que le *kreutzer* est une monnaie d'Allemagne, et que c'étaient plutôt des *kopecks* qu'aurait dû donner le souverain de la Russie.

---

en effet, coup sur coup, deux évènemens bien terribles ! à moins qu'on ne se console d'une perte par l'autre.

(Note du Traducteur.)

.. Le roi de Prusse était encore plus calomnié sous le rapport de sa conduite généreuse. On prétendait qu'à Troyes il n'avait absolument *rien payé* dans le logement où il avait été accueilli. Fable manifestement absurde !

Cette diatribe se terminait par l'annonce d'une prétendue caricature, qui circulait, disait-on, dans l'armée ennemie; caricature qui représentait les souverains cherchant à découvrir Paris à l'aide d'une lunette d'approche, et n'apercevant que de la fumée.

Cette jactance fut insérée au moment même où, par une manœuvre audacieuse, les corps *anéantis* de Sacken et de Blücher s'étaient portés une seconde fois sur Meaux, et menaçaient d'arriver, en moins de vingt-quatre heures, aux portes de la capitale.

L'immensité du péril forçait les rédacteurs de ces *articles mensongers* à se jeter dans d'étranges contradictions : tantôt, les Cosaques étaient des espèces d'ogres altérés de sang humain ; tantôt ils se laissaient, comme des moutons, égorger par des femmes, par des enfans. L'auteur de la lettre rapportée ci-dessus, prétendait avoir vu sept Cosaques, *encore armés de leurs lances*, conduits prisonniers par un paysan et sa femme.

(223)

C'était un excellent moyen d'exciter les courages contre des hommes qui ne se présentaient, disait-on, qu'avec les plus lâches projets, qui disaient par-tout, sur leur passage, qu'ils réservaient à Paris le sort de Moscou, pour le plus grand bonheur de la France, et afin de détruire ce *gouffre de la fortune publique*.

Par une inconcevable fatalité, le journal de l'Empire était l'arsenal d'où sortaient les plus atroces et les plus maladroites calomnies contre les chefs des armées alliées. Mais bientôt la féconde imagination de ses collaborateurs d'alors s'étant épuisée, ils appelèrent des renforts. On invita, dans le N° du 27 février, les bons citoyens des départemens à transmettre les détails dont ils auraient été les témoins oculaires.

« Un *homme de lettres* (1) se propose, disait-on, de rassembler tous ces matériaux, et d'en composer un recueil intitulé : *Histoire de l'irruption des peuples du Nord en France,*

____

(1) La crainte d'offenser la modestie de l'homme de lettres, empêcha sans doute, dans le temps, de révéler son nom. Quelques personnes ont pensé que c'était le même correspondant qui fabriquait les *Lettres écrites de l'armée.*   *(Note du Traducteur.)*

en 1814. Cet ouvrage restera dans toutes les familles comme un monument de la barbarie de ces peuples, etc.

Il y a au bas de la page : « Adresser les lettres au bureau du journal de l'Empire. »

Ces lettres mériteraient bien aujourd'hui d'être connues.

Un des principaux *ouvriers d'esprit public,* employé par la Police pour donner le change à l'opinion, était, dit-on, un étranger, qui est, à ce qu'il paraît, bien revenu aujourd'hui de son admiration pour le *grand homme.* Il est, dit-on encore, un des plus ardens apôtres de la liberté de la presse, en quoi il est parfaitement désintéressé, puisque par la charte constitutionnelle cette liberté n'est accordée qu'aux seuls *Français.* Il est vrai que, si la loi proposée aux deux Chambres est admise, il aura la ressource d'écrire en allemand, en anglais..... en danois même, et il sera aussi intelligible qu'en français.

Les bulletins de Buonaparte, rédigés avec adresse, accréditaient les bruits les plus ridicules. Il y eut même beaucoup d'habileté à présenter la prise de Soissons par le comte de Winzingerode, comme le résultat des revers éprouvés par l'armée combinée. C'étaient, dit-on, de misérables débris des Russes et des Prussiens qui s'étaient portés sur cette ville, et par la mort fortuite du général Rusca, son commandant, s'en étaient emparés contre toute attente.

La vérité est que l'avant-garde russe, commandée par le général Czernicheff, était entrée dans Soissons le 13 février, le jour même de la bataille de Champ-Aubert. Il n'y avait presque pas de troupes entre Soissons et Paris, et les habitans de Soissons s'accordent à dire que les Russes auraient pu arriver presque sans obstacles dans la capitale. Mais cela n'entrait point dans le plan général d'opérations. Les Russes étaient trop éparpillés. Le général Bulow ne faisait que d'arriver à Laon, et l'on occupait exprès un vaste espace, afin de disséminer et d'affaiblir les différens corps de l'armée française. Les politiques des cafés de Paris, accoutumés à voir remporter, *à force d'hommes,* des avantages qu'on eût obtenus à moindre perte, avec quelques délais et par les manœuvres d'une sage tactique, ne concevaient rien aux mouvemens des alliés. Ils les croyaient battus, parce qu'ils les voyaient temporiser.

Il est certain que l'affaire de Champ-Aubert donnait à Buonaparte le temps de respirer du côté de la Marne. Quelques forces disséminées à Coulommiers, à Lagny, à Meaux, à Lisy-sur-Ourcq, et les troupes qu'il envoyait contre Soissons, suffisaient pour contenir la droite de l'ennemi, et lui donner à lui-même le temps d'agir sur la gauche. Le corps du comte de Wittgenstein s'était avancé jusqu'à Guignes; il fut attaqué le 17 par Buonaparte en personne, et repoussé à Nangis. Bientôt il repassa la Seine, ainsi que le général bavarois de Wrede, qui était déjà à Donnemarie.

Buonaparte fit marcher le maréchal Victor contre Montereau, et s'en empara. Voici comment s'exprime à ce sujet le bulletin autrichien :

« Pour faire échouer le plan de l'ennemi, qui était de tomber avec des forces supérieures sur des corps isolés, et pour éviter des combats partiels, le prince de Schwartzenberg invita le feld-maréchal Blücher, qui avait réuni tous ses corps à Châlons-sur-Marne, à se porter avec toute son armée à Arcis-sur-Aube, et de là à Méry, pendant que la principale armée se concentra à Troyes pour y passer sur la rive droite de la Seine.

« Après la prise de Soissons, le comte de Wittgenstein et son corps ont reçu l'ordre de rester sur la Marne, pour couvrir la route de Châlons à Paris.

« L'armée du général Bulow et les corps des généraux Woronzoff, Strogonoff et du duc de Saxe-Weymar avancent dans la même direction, et sont déjà arrivés à la hauteur de Soissons et de Reims. »

Les Wurtembergeois, dont le corps avait été chargé de défendre Montereau, rendent compte en ces termes de la prise de cette ville par une division de l'armée française :

« Montereau est situé au confluent de la Seine et de l'Yonne, et ne peut être défendu qu'autant qu'on est maître d'une hauteur qui domine la Seine. Cette hauteur fut garnie de troupes.......

« L'ennemi attaqua, à plusieurs reprises, nos troupes par ses tirailleurs, et engagea une canonnade bien soutenue. Son artillerie, supérieure à la nôtre par le nombre et le calibre des pièces, démonta une partie de nos bouches à feu, et fit beaucoup de mal à notre infanterie. Vers une heure après midi, les Français ayant reçu de grands renforts, et de nouvelles colonnes étant venues par les routes de Melun, Bray et Nangis, le prince royal de Wurtemberg se décida à la retraite........... L'ennemi, commandé par Napoléon en personne, était fort de quarante mille hommes : il avait de cinquante à soixante canons. »

Les prisonniers faits à Champ-Aubert et à Nangis furent conduits au milieu de Paris avec une ostentation puérile. Les premiers entrèrent par la porte Saint-Martin, les autres par la barrière de Charenton. La garde nationale les escortait, et les traitait avec beaucoup d'humanité. On vit des grenadiers parisiens soutenir des hommes blessés ou exténués, qui ne pouvaient plus supporter les fatigues d'une marche longue et douloureuse. On distribuait à ces malheureux des secours en vivres et des pièces de monnaie. Quoique l'opinion qu'ils ne venaient à Paris que pour brûler cette cité immense fût presque générale (1), on

---

(1) Pendant qu'une colonne de prisonniers défilait devant la porte Saint-Denis, il y eut une halte. Les officiers russes et prussiens considérèrent avec admiration ce superbe monument des triomphes de Louis XIV. Un homme du peuple, interprétant fort mal leur curiosité,

se refusait, comme involontairement, à croire à tant d'atrocité. On ne pouvait pas supposer que le magnanime Alexandre fît peser sur tout un peuple la vengeance des crimes d'un Corse, d'un homme fort étranger aux Parisiens.

L'arrivée de ces prisonniers fut annoncée avec un charlatanisme bien fait pour imposer au vulgaire :

« Les armées de Sacken et de Blücher sont DÉTRUITES, disait le journal de l'Empire ; *l'artillerie et tout le matériel sont en notre pouvoir.* L'anéantissement des armées russe et prussienne est une des actions les plus glorieuses de la guerre..... Au reste, il n'est échappé que des débris insignifians..... Les paysans suffiraient pour en faire justice.

« Le plus difficile est obtenu. Les ennemis les plus acharnés de la France sont défaits ; *les autres ne sont pas plus terribles,* et il faut espérer qu'il ne sera pas plus difficile d'en venir à bout. »

Heureusement, quelques paroles rassurantes

---

dit en ricannant : « Ah! ah! Messieurs, vous êtes em-« barrassés de savoir comment vous auriez fait pour « *mettre le feu à cela!* »   *(Note du Traducteur.)*

de l'empereur de Russie avaient pénétré jusque dans les murs de Paris. Il exposait avec tant de candeur le plan des alliés, leur but d'attirer Buonaparte loin de la capitale, et de faire pour cela des marches rétrogrades autant qu'il en faudrait, que sa bonne foi aurait pu passer pour une ruse de guerre. On savait qu'il avait répondu à Sens à une dame fort effrayée sur le sort des Parisiens : « Ah ! Madame, l'histoire fera la comparaison de l'entrée des armées de l'Europe civilisée dans Moscou, et de l'entrée des BARBARES DU NORD dans Paris. »

Pendant la continuation des hostilités, des conférences pour la paix se tenaient à Châtillon. Le ministre des affaires étrangères de la Grande-Bretagne, lord Castlereagh, y était arrivé. Buonaparte avait la complaisance de permettre que les courriers du cabinet anglais traversassent Paris, pour porter à Londres par le plus court chemin, le résultat des négociations, où il est probable que les ministres étrangers traitaient dès ce moment *de lui* et *sans lui*. On arrêta, dit-on, un plan de pacification, où l'on imposait à Buonaparte des sacrifices énormes. On lui demandait compte de dix-huit cents et tant de millions de contributions ou de réquisitions qu'il avait levées dans ses anciennes campagnes, et même au sein de la paix, sur les pays occupés par ses armées. En effet, les alliés ne pouvaient faire la paix avec Buonaparte sans s'assurer de fortes garanties pour l'avenir, sans réduire au néant sa puissance militaire, et sans porter le désastre dans ses finances.

On dit aussi qu'un conseil secret, chargé par Buonaparte d'examiner les conditions imposées par les alliés, fut d'avis de les accepter, parce qu'il n'y avait plus de ressources. Il déchira cependant le traité, et dit : *Maintenant je suis plus près de Vienne, que les alliés ne le sont de Paris ; j'irai bientôt dans Munich me venger de la défection des Bavarois.*

Cette fanfaronnade de Buonaparte ne lui était peut-être suggérée que par la nécessité de donner le change aux autres et à lui-même, sur les véritables dispositions des alliés. Il ne pouvait guère se flatter que, dans la position des choses, un traité de paix avec lui fût, je ne dirai pas *possible,* mais sérieusement proposable. Le discours que prononça, le 29 juin dernier, au parlement d'Angleterre, le ministre des affaires étrangères, lord Castlereagh, prouve que si les alliés apportèrent quelque sincérité dans les ouvertures faites à Buonaparte, ils ne pouvaient se méprendre sur l'issue nécessaire des conférences.

« Le grand œuvre de la pacification de l'Europe, dit le ministre (1), eût été incomplet si l'on n'eût point rétabli sur le trône de France l'ancienne famille des Bourbons. Cette vérité n'a cessé de me frapper durant les conférences de Châtillon.

« Une paix quelconque, avec l'homme qui s'était mis à la tête du gouvernement français, n'eût eu d'autre résultat que de donner à l'Europe de nouveaux sujets de divisions et d'alarmes; elle n'eût été ni sûre, ni durable.

« Néanmoins, tant que cet homme fut investi du souverain pouvoir, les alliés durent traiter avec lui. Cette paix n'eût point été agréable aux peuples, particulièrement aux Anglais; mais ce n'était pas une raison pour ne point mettre dans les négociations toute la sincérité possible.

----

(1) Je ne crois pas que cette portion du discours ait été insérée dans nos journaux, qui d'ailleurs abrègent beaucoup les débats du parlement d'Angleterre.

(Note du Traducteur.)

« En refusant de négocier, nous aurions justement choqué l'opinion de l'Europe ; nous aurions mis cet homme dans la position la plus avantageuse pour lui, celle de désirer la paix, sans que nous eussions dessein de l'accorder, à quelques conditions que ce fût. »

Quelles que fussent les secrètes dispositions des négociateurs, l'activité des généraux respectifs n'était point suspendue.

Le prince de Schwartzenberg quitta la rive gauche de la Seine, et se concentra à Troyes, où il fut attaqué par Buonaparte. La ville fut évacuée par suite d'une convention, et de ce côté, il n'y eut plus d'évènemens militaires d'une grande importance.

Les premiers jours de mars furent remarquables par un traité d'alliance entre les ministres des empereurs de Russie et d'Autriche, et les rois d'Angleterre et de Prusse. On notifia à Buonaparte cette alliance formidable, et en même temps, on l'avertit qu'il n'aurait que jusqu'au 10 mars, pour accepter ou refuser l'*ultimatum* proposé au congrès de Châtillon. Ce délai fut ensuite prorogé jusqu'au 15 mars.

Dans leur traité, les hautes-puissances contractantes s'engageaient à ne faire ni paix ni même une trève séparée. S. M. britannique s'engageait à fournir un subside de cinq millions sterling (environ 120 millions de francs) pour l'année 1814, lequel serait partagé également entre les trois autres puissances. Suivant une autre disposition, ce subside, payable mois par mois, a dû cesser à l'époque où l'on a signé le traité de paix définitif, c'est-à-dire le 31 mai; mais il a dû être accordé, pour le retour des troupes autrichiennes et prussiennes, deux mois de plus, et, pour celui des troupes russes, quatre mois.

Buonaparte continuait toujours sa guerre de partisans, et se mettait par-là lui-même dans l'impossibilité de tenter un de ces grands coups qui l'avaient autrefois sauvé dans des circonstances presque aussi critiques; par exemple, à Marengo, à Ulm, à Austerlitz. Il détruisait les routes, les ponts, et ce fut en vain qu'il fit construire sur les bords de la Seine un équipage de pontons, ou plutôt de bateaux margottas, transportés sur des charrettes. Cet équipage n'arriva point à sa destination.

Les Parisiens eurent dans ce même temps une nouvelle alerte. Des paysans, fuyant de Claye, de Neuilly-sur-Marne et des lieux voisins, annoncèrent que les alliés étaient encore une fois aux portes de Meaux et de Lagny, que le pont de cette dernière ville (1) venait d'être brûlé. Buonaparte triompha encore avec facilité de cette attaque intempestive. Il repoussa sur Soissons le général Blücher, qui eût peut-être été fort embarrassé, si le général Bulow et le comte de Winzingerode n'eussent déjà pris cette ville par capitulation. En effet, après la retraite de Winzingerode, les Français étaient rentrés dans Soissons ; ils y avaient placé une garnison de quinze cents Polonais. Mais la ville pouvait être foudroyée des hauteurs qui la dominent, et le général Moreau qui commandait dans la place, ne se croyant pas si près d'être secouru, s'était déterminé à capituler (2).

Blücher ne fit que traverser Soissons : il prit une belle position à Craone entre Laon et Soissons, mais ne put s'y maintenir.

______

(1) On a assuré, dans le temps, que le pont de Lagny avait été brûlé trop vîte, et sur une fausse alerte.

(Note du Traducteur.)

(1) Le général Moreau fut conduit dans la prison de l'Abbaye. Buonaparte voulait qu'il fût sur-le-champ traduit devant une commission militaire et fusillé. Le ministre de la guerre le sauva, en faisant procéder à une instruction en règle. *(Ibid.)*

Le 7 mars, Buonaparte s'empara des hauteurs de Craone, mais, profita peu de son avantage : il ne put réussir à prendre une seule pièce d'artillerie, et ne fit de prisonniers que ceux qui restèrent blessés sur le champ de bataille. Le maréchal Victor, les généraux Grouchy et Laferrière furent blessés grièvement. Le 8, l'armée de Blücher, soutenue par celles de Bulow, de Langeron, Sacken, et Winzingerode, attendit les Français à Laon.

Buonaparte essaya, dit-on, une manœuvre qui lui avait quelquefois réussi, mais qui cette fois lui devint funeste. La cavalerie chargea les premières batteries ennemies en gravissant au galop des pentes assez escarpées ; elle devait être soutenue par l'infanterie. Mais l'attaque n'eut point de succès ; la cavalerie fut repoussée avec une perte énorme. Buonaparte se retira, reconnaissant, dit-il, que les hauteurs de Laon étaient *inattaquables*. Pourquoi donc les avoir attaquées ?

Pour tâcher de couvrir cet échec, Buonaparte fit un mouvement rapide sur la route de Reims, et s'empara aisément de cette ville qui est dans un fond, et dominée par la grande route. Il prit vingt-deux canons, et fit quelques milliers de prisonniers. Ce fut la dernière faveur que la fortune lui réserva. Il voulut comparer ce succès à la bataille de Dresde, et pour rendre le parallèle plus piquant, les bulletins assurèrent que *la même batterie qui avait tué Moreau* (on n'osa pas dire que ce fût le même canon et le même boulet) avait emporté le comte de Saint-Priest, brave émigré français, attaché depuis la révolution au service de la Russie. La vérité est que ce général fut grièvement blessé d'un boulet. Il est mort plus tard des suites de ses blessures.

CHAPITRE XI.

Batailles de Vitry, de Fère-Champenoise et de Paris.

LE moment était venu où les alliés devaient recueillir le fruit d'une longue attente. Buonaparte, après avoir envoyé à son frère Joseph l'ordre de défendre Paris *pendant cinq jours,* de faire marcher la garde nationale, et même au besoin de barricader les rues, de créneler les maisons, et de se défendre dans les faubourgs, ordonna de prendre des mesures pour faire sauter les ponts de Corbeil, de Sèvres, de Saint-Cloud, Neuilly, Saint-Germain, etc. On fit descendre de Melun à Paris tous les bateaux dont l'ennemi aurait pu s'emparer pour passer la Seine.

Des circulaires avaient été envoyées dans plusieurs légions aux citoyens inscrits sur les contrôles de la garde nationale; on leur demandait des renseignemens précis sur leur âge, leur profession, leur fortune, leur qualité de célibataires, d'hommes mariés ou veufs, avec ou sans enfans. On ajoutait que ces renseignemens avaient seulement des motifs d'administration pour objet, et ne devaient point alarmer.

D'un autre côté, les rôles étaient tout dressés pour une taxe de défense de *cinq millions,* payable en cinq jours (1). On se disposait à dresser des batteries sur les hauteurs, à creuser des retranchemens, à élever des redoutes entre Saint-Denis et Montmartre. On n'avait point pris d'abord toutes ces précautions, de peur d'effrayer les habitans, et afin de lever avec plus de facilité la conscription de 1815 et les complémens des années antérieures. D'ailleurs, on ne se croyait pas si près de la catastrophe. Le prince de Schwartzenberg avait fait un mouvement de flanc que l'on prenait pour une faute.

Une grande revue de gardes nationales et de troupes de ligne avait été annoncée pour le dimanche 20 mars; elle fut remise à la huitaine suivante, jour de la Passion. Il y a lieu de croire que cette revue devait se faire avec beaucoup d'appareil; qu'on se propo-

---

(1) Ce sont ces mêmes rôles qui ont servi pour la cotisation municipale, payable, non plus en cinq jours, mais en *six semaines,* et dont la destination était autrement sacrée. *(Note du Traducteur.)*

sait de haranguer la garde nationale, de l'attendrir par la présence de l'archiduchesse Marie-Louise et de son fils, et de demander vingt-cinq hommes de *bonne volonté* par bataillon, ou même par *compagnie,* suivant d'autres versions. Il n'en fallait pas moins pour garnir les retranchemens qu'on se proposait d'élever dans la plaine, et qui eussent été indispensables si l'on eût voulu réaliser l'*idée absurde de défendre Paris* (1).

Heureusement pour le salut de la capitale, les espérances de Buonaparte furent déçues. Il avait cru trouver le temps de faire une *pointe* vers la Meuse, de s'unir aux garnisons de l'Escaut et de la Lorraine. Dieu sait ce qu'il aurait pu entreprendre avec cent mille hommes au plus que lui aurait procurés le succès de cette tentative; mais il éprouva en personne, avant d'arriver à Vitry, un échec considérable.

---

(1) Telle est l'expression dont se sert Dumouriez dans ses *Mémoires;* et dans le temps dont il parle, les esprits étaient assez fanatisés pour que l'on pût compter sur la résistance désespérée d'une grande partie de la populace de Paris. Les choses étaient bien changées sous Buonaparte; on craignoit d'armer les pauvres, et les riches ne se souciaient pas de se battre pour un usurpateur.　　　　　*(Note du Traducteur.)*

« Il est probable , dit le rapport autrichien ,
qu'en prenant la route de Vitry, Napoléon se
proposait d'engager, par cette manœuvre, le
général en chef prince de Schwartzenberg à
se porter sur sa droite , pour défendre ses communications de Chaumont à Langres...... Le
maréchal crut ne pas devoir empêcher l'ennemi de prendre cette route....... Il fit, au
contraire, ses dispositions pour couper les
communications directes de l'ennemi avec
Paris. »

Buonaparte procura donc lui-même les
moyens d'opérer, sur ses derrières , la jonction des forces de la grande armée à celles du
feld-maréchal Blücher, jonction que, jusqu'a-
lors , il avait combattue avec tant d'efforts, et
en mettant à profit les difficultés particulières
du terrain.

M. de Thiele, aide-de-camp du roi de
Prusse, s'exprime ainsi à ce sujet, dans un de
ses rapports :

« Tous les courriers envoyés de l'armée à
Paris, et qui tombent dans nos mains, nous
ont fourni la preuve que les plans et les espérances de notre adversaire avaient complètement échoué. On résolut de marcher avec

toutes les forces sur Paris, pendant que Napoléon allait vers Joinville et Bar-le-Duc. »

On le laissa se porter sur Saint-Dizier, et les ennemis n'ayant plus rien à craindre de lui, fondirent le 25 mars à Fère-Champenoise, sur les corps des maréchaux Marmont et Macdonald. La perte des Français fut considérable : cernés par le feld-maréchal Blücher et le prince de Schwartzenberg, ils perdirent cent pièces de canon, six ou sept mille prisonniers et cinq mille hommes tués. Les généraux Pactod et Amey furent entourés avec leurs divisions, fortes chacune de cinq mille hommes.

« De bons militaires, dit M. Giraud dans la *Campagne de Paris en* 1814, pensent que ce fut une faute de notre part de soutenir un engagement si disproportionné. *Ces deux divisions devaient se replier sur Paris,* en tenant une sage défensive. »

Cet écrivain ignore sans doute que le duc de Raguse avait reçu l'ordre positif de soutenir le mouvement de Buonaparte sur Vitry et Saint-Dizier, et que la témérité d'une pareille tentative ne lui eût servi de rien. Il n'y aurait même pas eu d'inconvénient si Buonaparte n'eût pas été battu devant Vitry, qu'il avait inutilement sommé de se rendre, si ses projets n'eussent été déjoués par le mouvement subit de l'armée autrichienne.

La preuve que les corps d'armée qui éprouvèrent l'échec du 25 n'étaient pas destinés à *couvrir Paris,* mais à se porter en avant, résulte du nombre même de leur artillerie. Ils traînaient avec eux un parc de 120 pièces de canon, dont Buonaparte avait besoin pour que ses tentatives ultérieures eussent quelque probabilité de succès. Cette artillerie, si disproportionnée à la force des troupes qui devaient la défendre, leur devint très-funeste. Elle embarrassa leur marche dans des pays coupés de marais, où la *prévoyance* de Buonaparte avait fait détruire les ponts et dégrader les routes.

Buonaparte apprenant le résultat funeste du combat de Fère-Champenoise, vit qu'il lui serait inutile de se porter en avant, quoiqu'on lui en facilitât tous les moyens. Il essaya du moins de gagner Paris par la rive gauche de la Seine, et d'y entrer avant les alliés, si, comme Joseph l'avait promis, la capitale pouvait tenir pendant cinq jours. En conséquence, il se porta à marches forcées sur Fontainebleau. Le prince de Schwartzenberg, qui ne demandait pas mieux, se retira devant lui en lui faisant *un pont d'or*, pour nous servir d'une expression triviale parmi les militaires. Tout le plan de campagne des alliés se trouve exposé dans l'ordre du jour du prince de Schwartzenberg, leur généralissime :

« Le général Winzingerode poursuivra Napoléon vers Saint-Dizier ; la grande armée et celle de Silésie marcheront à Meaux, où elles se réuniront le 28 mars, *pour de là se porter sur Paris.* La grande armée prendra par Sézaune et Coulommiers ; celle de Silésie par Montmirail et la Ferté-sous-Jouare. »

Un autre rapport de M. le colonel de Thiele, prouve que les alliés voyaient désormais leur plan de campagne à l'abri de toutes les chances des évènemens :

« Buonaparte, dit cet officier, vient de prendre en toute hâte la route de Paris par Bar-sur-Aube. Quelques efforts qu'il fasse, nous aurons toujours *vingt lieues d'avance sur lui.* S'il veut défendre la capitale, il faudra qu'il accepte, avec cinquante à soixante mille hommes, la bataille contre deux cent mille.

« Tel est l'état des choses. J'ai la ferme confiance que, par le prochain courrier, j'annoncerai de nouvelles victoires, et , avec l'aide de Dieu , LA FIN DE LA GUERRE. »

Les débris des corps de Marmont et de Macdonald se retirèrent à la hâte sur Meaux et Trilport, et ne furent pas en état de disputer long-temps le passage de la Marne. Le pont de Trilport fut enlevé par surprise pendant la nuit. Des dragons français attaqués inopinément au milieu des ténèbres, se jetèrent en désordre sur l'infanterie française, et facilitèrent par là le passage à des Cosaques fort inférieurs en nombre.

La nouvelle de ce désastre circula sourdement à Paris dans la journée du dimanche , 27 mars. Le chef de légion , Regnault , ne se montra point à la revue avec son audace accoutumée : il confirma , par le renversement de sa figure , l'idée que l'on touchait à de grands évènemens ; mais la plus grande partie des habitans de Paris étaient encore tranquilles. Un régiment de carabiniers qui passa la revue à la suite de la garde nationale , ne se doutait pas qu'il allait se transporter sur le champ à Claye, et se mesurer dans la nuit même avec les troupes légères de l'ennemi.

La vérité ne put être méconnue le lendemain. La route de Meaux à Paris fut couverte de malheureux paysans traînant dans des charrettes les tristes débris de leur ménage : des femmes conduisaient, en pleurant, des vaches, des moutons et d'autres bestiaux, et restaient pétrifiées lorsqu'à la barrière on leur demandait des droits d'octrois considérable. La plupart des personnages marquans attachés au gouvernement prirent la fuite dans cette même journée du lundi ; et le lendemain, à sept heures, l'archiduchesse et son fils, *qui avaient été confiés comme un dépôt précieux à la fidélité de la garde nationale,* prirent le chemin de Rambouillet.

Quelques personnes ont cru que c'était contre les intentions formelles de Buonaparte que l'archiduchesse Marie-Louise et son fils étaient sortis de la capitale : elles vont jusqu'à prétendre qu'il manifesta beaucoup d'humeur en recevant cette nouvelle, le 31 mars, près de Villejuif. On a aujourd'hui la certitude du contraire. Buonaparte voulait, à la vérité, que son frère Joseph restât et fît la capitulation *en son nom,* si cela était nécessaire (ce à quoi les puissances alliées ne se montraient nullement disposées) : tel fut l'ordre précis qu'il envoya le 28 mars.

Quant à sa femme et à son fils, il enjoignit positivement de les emmener loin de Paris : « Aimant mieux, disait-il, les voir au fond de « la Seine, que conduits à Vienne en triom- « phe. »

Quelle contradiction atroce et bizarre ! Le même homme qui osa blâmer l'archiduc Maximilien d'avoir essayé de défendre Vienne, une place forte, une place *bastionnée*, et cela dans des circonstances où l'armée, encore intacte du prince Charles, arrivait à marches forcées pour la sauver ; ce même homme n'a pas craint d'exposer la capitale de la France aux chances inévitables d'une prise d'assaut !

Un ordre du jour de Joseph, affiché dans tout Paris, annonça aux habitans qu'il n'y avait rien à craindre ; que quelques colonnes ennemies, coupées de leur armée principale et vivement poursuivies par l'empereur victorieux, s'avançaient par la route d'Allemagne, mais qu'elles seraient facilement repoussées. La proclamation contenait ces paroles mémorables : *Le conseil de régence a pourvu à la sûreté de l'impératrice et du roi de Rome ;* JE RESTE AVEC VOUS.

Il eût mieux valu qu'il n'y restât point, et que les généraux éclairés qui commandaient les troupes rassemblées à la hâte autour de Paris, délibérassent froidement sur l'impossibilité absolue de défendre la capitale, non pas pendant cinq jours comme l'aurait voulu Buonaparte, mais pendant deux jours.

Dans l'état où étaient les choses, cent mille hommes et cent pièces de canon n'auraient pas suffi. On aurait bien rendu inexpugnables les buttes escarpées depuis Romainville jusqu'à Saint-Chaumont, et la hauteur de Montmartre; mais les alliés ne pouvaient-ils point tourner Romainville et Belleville par Montreuil et par la plaine de Charonne? N'avaient-ils pas plus de facilité encore à s'emparer de Saint-Denis, de Saint-Ouen, de Clichy, et à faire leur entrée par la barrière de l'Etoile? Le seul moyen de les arrêter eût été d'avoir des forces suffisantes pour livrer dans la plaine une bataille décisive, comme on l'a fait sous le règne de Charles IX, à la journée du 10 novembre 1567. Encore les alliés auraient-ils eu la ressource de forcer le passage de la Seine au-dessus ou au-dessous de Paris, d'attaquer le côté méridional qui est sans défense, et enfin de prendre la capitale par la famine.

Mais il s'en fallait de beaucoup que l'on eût

des moyens suffisans de défense contre deux
cent mille alliés qui s'avançaient soutenus par
d'autres corps de réserve. Les troupes de lignes et les gardes nationales disponibles se
montaient à peine à vingt-six ou vingt-huit
mille hommes. On garnit cependant les hauteurs de toutes les grosses pièces de canon
que l'on avait, en laissant dans le Champ-
de-Mars une réserve de pièces plus légères,
afin de défendre au besoin le passage de la
Seine devant Auteuil et Passy. Comme on l'a
dit plus haut, il n'y avait presque point de résistance possible à opposer du côté de l'ouest,
une fois que l'ennemi serait maître du poste
important de Saint-Ouen.

Toute la journée du mardi 29 se passa en
préparatifs de défense. Le duc de Raguse,
après avoir long-temps défendu à Claye l'entrée de la forêt de Bondi, s'était lentement
replié sous les murs de Paris.

Dans la nuit du 29 au 30, vers trois heures
du matin, le bruit sinistre du tambour (1)
éveilla les habitans et les fit courir aux armes

---

(1) La générale ne fut point battue; on se contenta
du *rappel*, qui était moins alarmant.

(Note du Traducteur.)

de toutes parts. Tous ceux qui avaient des fusils furent rassemblés sur la place de l'hôtel-de-ville et sur la place Vendôme; on distribua des cartouches; et sous prétexte de faire des patrouilles, on conduisit au feu un certain nombre de compagnies. Les citoyens non habillés furent seulement armés de piques et veillèrent à la tranquillité intérieure.

On n'avait pu, en effet, déterminer qu'un nombre peu considérable de citoyens de Paris à prendre l'uniforme, soit de grenadiers, soit de chasseurs. La plupart de ceux qui recevaient, à cet égard, des lettres pressantes, se mettaient en *réclamation*. Mais les commis, qui craignaient de perdre leurs places, et ceux à qui les ministres accordaient des gratifications pour cet objet, formaient à eux seuls une milice assez imposante pour maintenir, *intrà muros*, la sûreté de la capitale.

Ce fut vers cinq ou six heures du matin que l'artillerie commença à jouer; mais on ne l'entendit distinctement de tous les quartiers de Paris que vers huit ou neuf heures; c'était le moment où les alliés faisaient contre les hauteurs de Saint-Chaumont une vigoureuse attaque. Ils furent repoussés avec beaucoup de perte. A cette attaque succéda celle de Ro-

mainville, qui fut plus meurtrière. Le parc
de Saint-Fargeau avait été crénelé, et l'on y
avait placé des canons en batterie. La mitraille et les boulets pleuvaient sur les Prussiens et les Russes ; ceux-ci se repliaient en
bon ordre, et revenaient à la charge avec une
vigueur nouvelle (1).

____

(1) La brave défense de la garnison suffirait pour repousser l'idée de trahison que quelques malveillans
s'efforcent de répandre. On distribua , dit-on , à la garde
nationale , des cartouches remplies de cendre ; les munitions d'artillerie manquèrent ; on envoya aux pièces
de huit des gargousses de quatre, etc. etc. La mauvaise
qualité des munitions ne prouverait rien. On trouve
toujours au fond des magasins des fournitures de rebut,
qui y existent, non par la trahison , mais par la fri-
ponnerie des munitionnaires subalternes. Quant au désordre qui aurait pu régner, il est inséparable de la précipitation qui ne manque jamais d'accompagner de
pareils évènemens. Bien certainement, on n'eût pas
même songé à défendre Paris , sans le *roi Joseph*, le
comte Regnault, et peut-être deux ou trois autres.

Une partie des troupes de ligne étaient de malheureux conscrits casernés près la barrière Blanche, habillés
de la veille , et qui maniaient leur fusil pour la première
fois. On les envoya en tirailleurs derrière les batteries
françaises du canal, qui étaient fort bien servies. Au
bruit occasioné par chaque boulet qui passait au-dessus
d'eux , ces malheureux baissaient la tête. Un de leurs

Les alliés disent, dans leurs bulletins, que leurs succès eussent été plus rapides si le général Blücher eût reçu plutôt l'ordre d'attaquer Saint-Denis. En effet, pendant les engagemens de Saint-Chaumont et de Belleville, que l'on peut regarder comme de fausses attaques, la garnison avait eu le temps de couronner d'un plus grand nombre de gardes nationaux les hauteurs de Montmartre. Les batteries, servies avec beaucoup d'adresse par les jeunes gens de l'école polytechnique, faisaient de grands ravages parmi les alliés. Lorsque les Prussiens eurent placé une batterie en avant de Saint-Ouen, au lieu dit *la maison Blanche*, on dirigea contr'elle une pièce de gros calibre, et du second coup elle fut démontée.

Les alliés auraient fait beaucoup moins d'efforts s'ils n'eussent craint l'arrivée subite de Buonaparte; en différant l'attaque principale jusqu'au lendemain, ils auraient pris la capitale

---

officiers, qui les forçait à grands coups de canne à se relever, fut lui-même emporté par un boulet. Bientôt une charge de cavalerie les força à se jeter pêle-mêle derrière le canal, où on ne put les poursuivre. Je tiens ces faits d'un témoin oculaire. *(Note du Traducteur.)*

presque sans résistance. Ils auraient profité de la nuit pour longer les bords de la Seine sous le canon même de Montmartre ; ils se seraient formés en bataille dans les plaines de Clichy et des Sablons ; mais des renseigne-mens certains leur étaient parvenus sur l'approche de Buonaparte, qui s'avançait presque sans escorte par Essonne, la Cour-de-France et Villejuif.

On a dit qu'on aurait dû placer à Montmartre soixante pièces de canon. D'abord, il aurait fallu les avoir, et sur-tout le nombre de *munitions confectionnées*, nécessaires au service des pièces. Mais cette artillerie elle-même eût été insuffisante : les canons, quels que soient leur nombre et leur calibre, ne peuvent arrêter une armée qu'à la tête ou à l'issue d'un défilé. Qu'aurait-on pu faire contre une nuée de cavalerie qui aurait passé dans la plaine avec la rapidité de l'éclair ? une seule décharge.

Cependant les journaux et les pamphlets, composés par ordre du gouvernement, ne cessaient d'inviter les Parisiens à une défense évidemment impossible.

On ne saurait trouver des expressions assez fortes pour caractériser l'écrit *incendiaire*, dans toute la force du mot, qui fut colporté avec profusion, distribué dans les rues et lu par les orateurs des groupes. Le mensonge le plus impudent de ce pamphlet était dans son titre, auquel il aurait fallu substituer celui-ci : *Faites-vous piller! faites-vous brûler!* Mais à tout prix, au détriment même de leur propre fortune, les ames damnées de Buonaparte voulaient prolonger de *quelques heures* l'agonie de ce héros de théâtre. Voici le texte de cette misérable pièce :

NOUS LAISSERONS-NOUS PILLER ?

NOUS LAISSERONS-NOUS BRULER ?

« Tandis que l'empereur arrive sur les derrières de l'ennemi, vingt-cinq à trente mille hommes, conduits par un partisan audacieux, osent menacer nos barrières. En imposeront-ils à cinq cent mille citoyens qui peuvent les exterminer? Ce parti ne l'ignore point, ses forces ne lui suffiraient pas pour se maintenir dans Paris; il ne veut faire qu'un coup de main. *Comme il n'aurait que peu de jours à rester parmi nous*, il se hâterait de nous piller, de se gorger d'or et de butin; et quand une armée victorieuse le forcerait à fuir de la capitale, il *n'en sortirait qu'à la lueur des flammes qu'il aurait allumées* (1).

« Non, nous ne nous laisserons pas piller ! nous ne nous laisserons pas brûler ! Défendons nos biens, nos femmes, nos enfans, et laissons le temps à notre brave armée d'arriver pour anéantir sous nos murs les barbares *qui venaient les renverser.* Ayons la volonté de les vaincre, et ils ne nous attaqueront pas ! Notre capitale serait le tombeau d'une armée qui voudrait en forcer les portes. Nous avons en face de l'ennemi une armée considérable, commandée par des chefs habiles et intrépides ; il ne s'agit que de les seconder. Nous avons des canons, des baïonnettes, des piques, du fer : *nos faubourgs, nos rues, nos maisons, tout nous peut servir à notre défense.* Etablissons, s'il le faut, des *barricades, faisons sortir nos voitures* et tout ce qui peut obstruer les passages, crénelons nos murailles, creusons des fossés, montons à tous nos étages les pavés des rues, et l'ennemi reculera d'épouvante.

------

(1) N'était-ce pas là une préparation oratoire pour excuser le sort que l'on aurait fait subir à la capitale, si la route de Fontainebleau à Villejuif eût été moins longue?.....

« Qu'on se figure une armée essayant de traverser un de nos faubourgs au milieu de tels obstacles, à travers le feu croisé de la mousquetterie, qui partirait de toutes les maisons, des pierres, des poutres qu'on jeterait de toutes les croisées! cette armée serait détruite avant d'arriver au centre de Paris (1).

« Mais, non! le spectacle des apprêts d'une telle défense la forcerait à renoncer à ses vains projets, et elle s'éloignerait à la hâte pour ne pas se trouver entre l'armée de Paris et l'armée de l'empereur. »

Toutes ces déclamations ampoulées firent heureusement peu d'impression sur les parisiens; et ceux qui, en désespoir de cause, voulaient contraindre des habitans paisibles à vouer leurs maisons, leurs magasins, leur modeste fortune, à une ruine inévitable, eurent le bonheur, peut-être inattendu, de conserver eux-mêmes leurs richesses et leurs palais.

La présence de Buonaparte n'eût certainement point ajouté aux élémens d'une défense

---

(1) Eh quoi! misérables incendiaires, une grêle de bombes et d'obus n'aurait-elle pas fait cesser, en quelques minutes, cette défense impie?

évidemment impraticable ; mais cet homme avait dit qu'il ferait payer cher son agonie ; il avait menacé de s'ensevelir sous les ruines du palais élevé par Médicis ; bien des personnes croyaient même que les Tuileries et le Louvre étaient depuis long-temps minés. Il importait aux souverains alliés, sous tous les rapports, de prévenir un tel désastre.

Nos lecteurs trouveront sans doute agréable que nous donnions ici la copie du rapport publié officiellement par les alliés :

« Le 30 mars l'ordre fut donné à la *grande armée* d'attaquer les hauteurs de Romainville et de Belleville, tandis que l'armée de Silésie se porterait sur Montmartre.

« Le corps de Langeron formait l'aile droite ; ceux d'York et de Kleist formaient la gauche ; le corps de Winzingerode resta en réserve ; celui de Sacken fit halte à Meaux ; celui de Bulow se trouvait encore devant Soissons. Le feld-maréchal chargea le comte de Langeron de prendre Aubervilliers, de bloquer Saint-Denis, si cette ville ne voulait pas se rendre, de marcher avec le reste sur Clichy, et d'attaquer Montmartre de ce côté, tandis que les corps d'York et de Kleist durent attaquer cette hauteur par le village de la Chapelle (1).

« L'attaque de la grande armée eut lieu à cinq heures du matin près de Pantin ; celle de l'armée de Silésie ne put s'exécuter qu'à onze heures, parce qu'on en reçut trop tard l'ordre.

« Les villages de Belleville et de Romain-ville venaient d'être emportés à la baïonnette. Les Français occupaient avec de l'infanterie la ferme du Rouvroy, et la soutenaient avec une batterie de dix-huit pièces, très-bien pla-cée. L'avant-garde, conduite par le général de Katzeler, s'empara de la ferme ; mais ne put pénétrer plus loin jusqu'à ce qu'on eût fait taire la batterie ennemie. Les bouches à feu nécessaires pour cette opération n'arri-vèrent qu'à trois heures avec le corps de Win-zingerode....

---

(1) On ne saurait trop répéter, à ceux qui soutiennent la possibilité de défendre Paris, que Montmartre est une très-mauvaise position. Il est facile de tourner cette montagne par plusieurs côtés. Il faudrait y placer une artillerie immense pour pouvoir dominer la plaine. Maître de Saint-Ouen, l'ennemi était maître du passage de la Seine, et par conséquent de Paris.

(Note du Traducteur.)

« La jonction des réserves força les Français à se retirer sur la Villette, où ils rallièrent leur cavalerie en perdant quelques pièces de canon.

« Bientôt les alliés entrèrent au pas de charge dans la Villette, prirent au milieu des rues ce qui restait de canons, et culbutèrent les hommes jusqu'aux barrières de Paris. On obtint le même succès sur la route de Pantin, où les gardes s'avancèrent jusqu'aux barrières. Ce fut alors que se présentèrent des parlementaires qui demandèrent la suspension des hostilités, et proposèrent de rendre la ville. Les deux souverains alliés se trouvaient à peu de distance; les parlementaires furent conduits jusqu'à eux ; on convint provisoirement d'un armistice de deux heures.

« Le comte de Langeron ne reçut la nouvelle de la suspension d'armes que lorsque son infanterie eut gravi au pas de charge les hauteurs de Montmartre, et pris une vingtaine de canons. »

L'armée combinée accorda aux autorités militaires et municipales de Paris une capitulation fort honorable. La condition la plus difficile à régler fut celle relative à la garde nationale. Les souverains alliés se réservèrent le droit de la conserver, de la désarmer ou de la licencier, selon leur bon plaisir. Il en fut de même de la gendarmerie. Le corps municipal étant allé dans la nuit à Pantin, réclamer la générosité de l'empereur Alexandre, demanda que la garde nationale fût conservée. Me repondez-vous d'elle ? dit l'empereur de Russie. Sire, répliqua un des chefs de légion, la garde nationale fera tout ce qu'il est possible d'attendre d'hommes d'honneur. Cela me suffit, répliqua le prince.

Pendant la journée du 3o, il avait régné dans la capitale une incroyable agitation. Nombre d'habitans achevaient de cacher leur argent, leurs effets précieux ; d'autres parcouraient les rues, les quais, les boulevards, et l'on finissait par écouter avec une sorte d'indifférence le bruit toujours croissant de la canonnade (1). Les tours et les clochers des églises étaient remplis de curieux qui contemplaient de loin les progrès de l'attaque. De

---

(1) On a vu ce jour-là même , de onze heures à midi, un malfaiteur exposé au carcan, et flétri avec un fer chaud, et cela au milieu de la même affluence que ces tristes spectacles ont coutume d'attirer.

(Note du Traducteur.)

temps en temps, la tranquillité était troublée par de fausses alertes. Du côté de la rue Montmartre, un cavalier tira en l'air un coup de pistolet. Une terreur panique s'empara de tous les assistans, ils prirent la fuite, et l'on se culbuta jusque sur le boulevard. Un obus, tombé dans le faubourg du Temple par-dessus le cimetière du Père Lachaise (1), occasionna le même désordre. Dans la rue de Sèvres, faubourg Saint-Germain, le bruit courut un moment que les ennemis se montraient du côté de Vaugirard. On cria aux armes, et l'on ferma à la hâte les boutiques ; car il y avait des boutiques ouvertes !

Vers deux heures on se rassura, parce que le bruit de la canonnade paraissait s'éloigner. Les sbirres de la police ne manquèrent pas

______

(1) Une forte batterie fut placée sur la plate-forme septentrionale du cimetière, immédiatement au-dessus des tombes de Delille et de Grétry. Des dames élégantes qui s'y trouvaient, faillirent payer cher leur curiosité, au moment où l'ennemi démasqua tout-à-coup une batterie de douze pièces. Aucun monument n'a été dégradé, quoique les balles et les biscayens aient laissé des traces profondes sur le bâtiment, et qu'il y ait eu des caissons démontés, des hommes et des chevaux tués sur la plate-forme et dans les vergers voisins.

(Note du Traducteur.)

de publier que la colonne ennemie qui avait
eu l'audace de marcher sur Paris se trouvait
coupée, que le roi de Prusse venait d'être
cerné et pris avec dix mille hommes. Suivant
d'autres nouvelles, Buonaparte venait d'arriver de Meaux à Bondy, où il s'était rencontré
tout à propos avec l'empereur Alexandre,
qu'ils s'étaient embrassés, étaient convenus
d'un armistice, et se montraient tout disposés
à signer la paix.

La crédulité des bonnes gens commença à
s'ébranler, quand on vit le roi Joseph s'enfuir
par une barrière, et le ministre Savary, escorté
d'un détachement de gendarmerie, suivre au
galop la rue du Cherche-Midi et Vaugirard.
Les postes des gardes nationaux des barrières
voulurent retenir les illustres fugitifs qui
avaient si bien promis de rester avec eux.
On les appaisa par des prétextes frivoles, et ils
eurent grandement raison de se contenter de
ces excuses.

Vers six heures, on sut que la capitulation
de Paris était arrêtée, et que le lendemain
matin à sept heures, les alliés entreraient dans
la ville. La plupart des habitans se couchèrent
plus tranquilles qu'ils n'avaient fait la veille,
et le 31, toute la population de la capitale

couvrit la rue du faubourg Saint-Martin et le boulevard. Des acclamations de vive Louis XVIII ! vivent les Bourbons ! vive Alexandre ! se firent entendre de toutes parts. Des dames en calèches distribuèrent des rubans blancs, des cocardes blanches, et agitèrent avec un enthousiasme inexprimable, le pavillon sans tache si cher aux Français. La conduite des souverains et des généraux alliés répondit à cet accueil.

On s'attendait que l'empereur Alexandre irait loger aux Tuileries. On remarqua avec étonnement la modestie qui porta les deux princes à se contenter d'habiter des hôtels particuliers.

Le gouvernement de Paris fut confié au brave général Sacken, qui a acquis de si justes titres à l'estime publique. On dirait que les agens de Buonaparte avaient pris d'avance plaisir à calomnier ce général, et à donner de lui l'idée la plus contraire à la vérité. On lisait dans le journal de l'Empire, sous la date du 25 février : « Le général Sacken étant blessé, « est amené dans une maison. Il y reçut les « soins les plus empressés. Quelques jours après, « cette maison est pillée ; le propriétaire va « implorer la protection du général. Il répond :

« *Piller, brûler, violer, c'est le droit de la guerre.* »

On avait cru aussi que le premier soin des alliés serait de faire disparaître et la colonne de la place Vendôme revêtue du bronze pris à Vienne et à Austerlitz, et l'arc de triomphe du Carrousel. Ils eurent la générosité inouie peut-être de ne pas même s'en occuper. Un riche particulier donna, dit-on, vingt-cinq louis à un ouvrier pour monter sur la statue de Buonaparte, et lui attacher au cou un cable énorme. Plusieurs chevaux et un grand nombre d'hommes tirèrent, mais la statue beaucoup trop ténace ne put être abattue. Ce ne fut que quelques jours après (le vendredi saint) qu'on la descendit, en prenant toutes les précautions convenables.

Les Parisiens respirèrent, le 1er avril, en lisant la proclamation par laquelle les souverains déclaraient qu'ils avaient refusé de négocier avec un envoyé de Buonaparte (M. de Caulaincourt), que désormais ils ne traiteraient plus avec Napoléon ni avec aucun des membres de sa famille, que le sénat était invité à se réunir, et à donner à la France le gouvernement convenable. Une proclamation du prince Schwartzenberg confirma sans réserve ces promesses. Dès le même jour, le

sénat s'assembla et décréta en principe, la déchéance de Buonaparte ; mais sans rappeler
encore les Bourbons. Le 3 avril, le duc de
Raguse enveloppé avec les débris de la garnison de Paris par des forces supérieures, fit
avec le prince Schwartzenberg une honorable
convention. Dès ce moment, on put compter
sur l'adhésion de l'armée aux mesures du sénat.

Buonaparte avait appris, entre la Cour-de-
France et Villejuif, c'est-à-dire presqu'au
moment d'entrer dans Paris, la reddition de
cette capitale. On assure qu'il s'évanouit en
voyant lui échapper un sceptre qui avait
coûté à l'Europe tant de sang et de larmes. Il
retourna à Corbeil, puis à Fontainebleau. Les
troupes qui restaient auprès de lui pouvaient
monter à soixante mille hommes, et c'étaient
les meilleures. Il avait deux cent pièces de
canon pour défendre le passage de la forêt ;
mais on l'eût pris par la famine. Ses magasins,
ses trésors étaient sur la route d'Orléans et de
Blois ; une manœuvre savante des alliés l'avait
coupé de toutes communications avec la régence. D'ailleurs, pouvait-il compter sur des
soldats que depuis plusieurs mois il laissait
manquer d'argent et de vivres, quoiqu'il eût
entassé dans ses coffres les tristes résidus de la

vente des biens communaux, et des taxes levées de la manière la plus extraordinaire ?

On ne saurait croire ce que les folles spéculations financières du gouvernement, en 1813, ont coûté au commerce et aux particuliers. Les négocians, ruinés par les impôts, ruinés par les funestes abus des licences (1),

____

(1) L'objet des licences était de balancer les importations des denrées coloniales par des exportations forcées des produits de notre sol. Il en résulta l'agiotage le plus déhonté. On portait sur les factures, à des prix excessifs, des objets qui n'avaient aucune valeur intrinsèque, et que les armateurs s'empressaient de jeter à la mer dès leur sortie du port, plutôt que de payer les droits d'entrée en Angleterre. Quelquefois ces marchandises de rebut étaient rejetées frauduleusement sur nos côtes par des bateaux pêcheurs. Vendues à vil prix, elles ruinaient, par la concurrence, les fabriques mêmes d'où elles sortaient.

L'abus ne fut pas moins grand pour une partie des articles de la librairie. Cependant, il faut l'avouer, ces sortes d'expéditions auraient pu être utiles à plusieurs maisons; par cette voie, elles se seraient débarrassées d'une grande quantité d'anciens ouvrages qui n'avaient plus de cours à Paris et en France; mais il n'en fut pas ainsi. On fit des éditions, tout exprès, à un nombre immense d'exemplaires, afin de donner une valeur apparente d'une centaine de mille francs à ce qui n'en étaient tous menacés d'une faillite prochaine.

Buonaparte s'est trouvé exactement dans la situation d'un dissipateur, dont les affaires paraissent toujours florissantes tant qu'on ne s'aperçoit pas qu'*il mange son fonds avec son revenu.*Qu'un évènement imprévu le force de compter avec les autres ou avec lui-même, tout ce prestige d'opulence s'évanouit.

Le 1ᵉʳ avril, Buonaparte donna, sur l'occupation de la capitale, un ordre du jour assez curieux pour devoir être inséré dans cet ouvrage :

---

avait pas coûté trois mille.Un étranger, se faisant appeler tantôt *Blankeinstein*, tantôt *Palmerini*, fit à ce sujet des spéculations lucratives. Il avait imaginé un genre d'escobarderie que le directeur de la librairie, s'il en était informé, aurait dû empêcher et faire punir. Il consistait à acheter à vil prix d'anciens cuivres, depuis long-temps destinés à être vendus au poids ; on y adaptait un texte quelconque ; on donnait un prix exorbitant à ces *maculatures*, et on les envoyait ensuite à la douane. *Blankeinstein* a disparu peu de temps après, en causant un immense dommage aux personnes qui lui avaient inconsidérément accordé leur confiance. Les livres étaient ordinairement jetés à la mer, et devenaient la proie des poissons. On les nomma plaisamment, par ce motif, des éditions *ad usum delphini.*

(*Note du Traducteur.*)

« L'empereur, qui avait porté son quartier-général à Troyes le 29, s'est dirigé à marches forcées, par Sens, sur sa capitale. S. M. était le 31 mars à Fontainebleau ; elle a appris que l'ennemi, arrivé vingt-quatre heures avant l'armée française, occupait Paris, après avoir éprouvé une forte résistance, qui lui a coûté beaucoup de monde (1).

« Les corps des ducs de Trévise, de Raguse

---

(1) On estime que la perte des alliés dut être de dix à douze mille hommes. La garnison de Paris perdit beaucoup moins, parce qu'elle avait dans le combat l'avantage de la position, et que la capitulation assura sa retraite. Le pont de Charenton ne fut pas attaqué du côté de la route de Nangis, où l'on avait fait de grands préparatifs de défense, mais par la route de Paris. Le pont était miné depuis plus de quinze jours ; on voulut mettre le feu aux fougasses, mais les mèches se trouvèrent interrompues, et le pont fut conservé.

Vincennes fut attaqué et canonné deux ou trois jours après l'occupation de Paris. Les boulets n'ont pu faire de brèche ; ils ont seulement festonné le parapet de la tour quarrée la plus voisine de la route de Paris. Après quelques pourparlers, les hostilités ont été suspendues : c'est seulement à Louis XVIII que la garnison s'est rendue, et les alliés ne sont point entrés dans le château. Leur corps de siége s'éloignait le 12 avril, au moment même de l'entrée, dans Paris, de S. A. R. Monsieur.

(269)

et celui du général Compans, qui ont concouru à la défense de la capitale, se sont réunis entre Essonne et Paris, où S. M. a pris position avec toute l'armée qui arrive de Troyes.

« L'occupation de la capitale, par l'ennemi, est un malheur qui afflige profondément le *cœur* de S. M., mais dont il ne faut pas *concevoir d'alarmes*. La présence de l'empereur, avec son armée, aux portes de Paris, *empêchera l'ennemi de se porter à ses excès accoutumés,* dans une ville si populeuse, qu'il ne saurait GARDER sans rendre sa position très-dangereuse. »

Ainsi, c'est à une *prétendue terreur* que Buonaparte attribuait la conservation de la capitale et de ses monumens, le respect porté aux personnes et aux propriétés.

Le 4 avril, Buonaparte annonça son intention d'abdiquer, dans un ordre du jour conçu en termes amphigouriques, ordre du jour dans lequel après avoir remercié l'armée, c'est-à-dire le faible corps resté auprès de lui, de ce qu'elle reconnaît que « la France est *en lui* (1),

____

(1) Cette expression est le digne pendant de certaine harangue dont son *teinturier* ne lui avait pas poli les

« et non pas dans le peuple de la capitale, »
il déclame avec amertume contre le sénat.

« Le sénat, dit-il, s'est permis de disposer
du Gouvernement français; il a oublié qu'il
doit à l'empereur le pouvoir dont il abuse
maintenant; que c'est lui qui a sauvé une
partie de ses membres de l'orage de la révolution; tiré de l'obscurité et protégé l'autre
contre la haine de la nation.

« Le sénat se fonde sur les articles de la constitution pour la renverser; il ne rougit pas de
faire des reproches à l'empereur, sans remarquer que, comme le premier corps de l'Etat,
il a pris part à tous les évènemens. Il est allé
si loin, qu'il a osé accuser l'empereur d'avoir
changé des actes dans la publication. Le monde
sait qu'il n'avait pas besoin de tels artifices :

---

phrases, et dont son *maître à régner* ne lui avait point
noté les gestes et la déclamation.

« Ce trône, disait brutalement le Corse à une dépu-
« tation du corps législatif, ce trône n'est que du bois
« recouvert de velours : *le véritable trône, c'est moi.*

« Vous ne deviez pas, ajoutait-il, m'adresser des re-
« proches publics. C'est en famille qu'il faut laver son
« linge sale : on ne doit pas y appeler tout le monde. »

(Note du Traducteur.)

un signe était un ordre pour le sénat, qui toujours faisait plus qu'on ne désirait de lui. »

Buonaparte, au surplus, avait tort d'accuser exclusivement le sénat d'avoir prononcé sa déchéance. Le corps municipal de Paris avait déjà pris l'initiative. M. Bellart, l'un des courageux défenseurs du général Moreau, rédigea la proclamation qui communiqua à tous les cœurs une brûlante énergie (1).

---

(1) Nous croyons devoir insérer ici cette pièce vraiment historique, qui fut *publiée* le 1er avril, mais, selon toute apparence, préparée quelques jours auparavant :

« Habitans de Paris, vos magistrats seraient traîtres envers vous et la patrie, si, par de viles considérations personnelles, ils comprimaient plus long-temps la voix de leur conscience.

« Elle leur crie que vous devez tous les maux qui vous accablent à un seul homme.

« C'est lui qui, chaque année, par la conscription, décime nos familles. Qui de nous n'a perdu un fils, un frère, des parens, des amis ? Pour qui tous ces braves sont-ils morts ? Pour lui seul, et non pour le pays. Pour quelle cause ? Ils ont été immolés, uniquement immolés à la démence de laisser après lui le souvenir du plus épouvantable oppresseur qui ait pesé sur l'espèce humaine.

« C'est lui qui, au lieu de quatre cent millions que la France payait sous nos bons et anciens rois pour être libre, heureuse et tranquille, nous a surchargés de plus de *quinze cent millions* d'impôts, auxquels il menaçait d'ajouter encore.

« C'est lui qui nous a fermé les mers des deux mondes, qui a tari toutes les sources de l'industrie nationale, arraché à nos champs les cultivateurs, les ouvriers à nos manufactures.

« A lui nous devons la haine de tous les peuples, sans l'avoir méritée, puisque, comme eux, nous fûmes les malheureuses victimes, bien plus que les tristes instrumens de sa rage.

Les habitans de Blois, qui possédaient dans leurs murs l'archiduchesse Marie-Louise, les

———

« N'est-ce pas lui aussi qui, violant ce que les hommes ont de plus sacré, a retenu captif le vénérable chef de la religion ; a privé de ses états, par une détestable perfidie, un roi son allié, et livré à la dévastation la nation espagnole, notre antique et toujours fidèle amie ?

« N'est-ce pas lui encore qui, ennemi de ses propres sujets long-temps trompés par lui, après avoir tout à l'heure refusé une paix honorable dans laquelle notre malheureux pays, du moins eût pu respirer, a fini par donner l'ordre parricide d'exposer inutilement la garde nationale pour la défense impossible de la capitale, sur laquelle il appelait, ainsi, toutes les vengeances de l'ennemi ?

« N'est-ce pas lui enfin qui, redoutant par-dessus tout la vérité, a chassé outrageusement, à la face de l'Europe, nos législateurs, parce qu'une fois ils ont tenté de la lui dire avec autant de ménagement que de dignité ?

« Qu'importe qu'il n'ait sacrifié qu'un petit nombre de personnes à ses haines ou bien à ses vengeances particulières, s'il a sacrifié la France, que disons-nous la France ? toute l'Europe à son ambition sans mesure !

« Ambition ou vengeance, la cause n'est rien. Quelle que soit cette cause, voyez l'effet : voyez ce vaste continent de l'Europe par-tout couvert des ossemens confondus de Français et de peuples qui n'avaient rien à se demander les uns aux autres, qui ne se haïssaient pas, que les distances affranchissaient des querelles, et qu'il n'a précipités dans la guerre que pour remplir la terre du bruit de son nom.

« Que nous parle-t-on de ses victoires passées ? Quel bien nous ont-elles fait ces funestes victoires ? La haine des peuples, les larmes de nos familles, le célibat forcé de nos filles, la ruine de toutes les fortunes, le veuvage prématuré de nos femmes, le désespoir des pères et des mères à qui, d'une nombreuse postérité, il ne reste plus la main d'un enfant pour leur fermer les yeux ; voilà ce que nous ont produit ses victoires ! Ce sont elles qui amènent aujourd'hui, jusque dans nos murs toujours restés vierges sous la paternelle administration de nos rois, les étrangers dont la généreuse protection nous commande la reconnaissance, lorsqu'il nous eût été si doux de leur offrir une alliance désintéressée.

membres de la régence, les ministres et une partie de leurs commis, restaient dans l'ignorance la plus complète des évènemens. Les diligences, les malles, étaient interceptées. Ce fut, dit-on, un roulier qui, en produisant un passe-port contre-signé du baron *Sacken*, gouverneur de Paris, fonda la première conjecture probable que la capitale pouvait bien se trouver au pouvoir des alliés.

Il n'est pas un d'entre nous qui, dans le secret de son cœur, ne le déteste comme un ennemi public; pas un qui, dans ses plus intimes communications, n'ait formé le vœu de voir arriver un terme à tant d'inutiles cruautés.

« Ce vœu de nos cœurs et des vôtres, nous serions des déserteurs de la cause publique si nous tardions à l'exprimer.

« *L'Europe en armes* nous le demande. Elle l'implore comme un bienfait envers l'humanité, comme le garant d'une paix universelle et durable.

« Parisiens, *l'Europe en armes* ne l'obtiendrait pas de vos magistrats, s'il n'était pas conforme à leurs devoirs.

« Mais c'est au nom de ces devoirs même et des plus sacrés de tous, que nous abjurons toute obéissance envers l'usurpateur, pour retourner à nos maîtres légitimes.

« S'il y a des périls à suivre ce mouvement du cœur et de la conscience, nous les acceptons. L'histoire et la reconnaissance des Français recueilleront nos noms. Elles les légueront à l'estime de la postérité.

« En conséquence,

« Le conseil-général du département de la Seine, conseil municipal de Paris, spontanément réuni,

« Déclare, à l'unanimité de ses membres présens :

« Qu'il renonce formellement à toute obéissance envers Napoléon Buonaparte;

« Exprime le vœu le plus ardent pour que le gouvernement monarchique soit rétabli dans la personne de Louis XVII et de ses successeurs légitimes. »

Les membres de la régence connaissaient seuls les actes du sénat sur la déchéance de Buonaparte et la restauration de Louis-le-Désiré : déjà plusieurs s'étaient empressés d'envoyer, *en tant que de besoin,* disaient-ils, leur adhésion, et même de la réitérer. Cependant, on fit faire à l'archiduchesse Marie-Louise une proclamation, où, tout en déchirant le voile, on laissait encore les esprits dans l'incertitude sur l'avenir. Après avoir annoncé que « les évènemens de la guerre « avaient mis la capitale au pouvoir de l'étran- « ger ; que l'empereur accourait pour la dé- « fendre à la tête de ses armées si long-temps « victorieuses ; que déjà ses armées *étaient en* « *présence sous les murs de Paris,* » on disait :

« C'est de la résidence que j'ai choisie, et « des ministres de l'empereur, qu'émaneront « les seuls ordres que vous puissiez recon- « naître.

« Toute ville au pouvoir de l'ennemi cesse « d'être libre ; toute direction qui en émane « est le langage de l'étranger, ou celui qu'il « convient à ses vues hostiles de propager. »

Cette pièce, datée du 3 avril, ne fut, dit-on, affichée que *dans la nuit* du 6 au 7.

« On peut bien supposer (dit l'auteur de
« l'ouvrage intitulé : *La Régence à Blois*)
« que par son anti-date, LL. EE. voulaient
« se ménager quelque accommodement avec
« le gouvernement provisoire, et en même
« temps donner la preuve d'un zèle actif à
« Napoléon. »

Il n'était pas possible de dissimuler aux
habitans des provinces l'évènement du 30 mars;
on le leur annonça par des rapports d'une rédaction étudiée; mais de peur que les bonnes
gens ne s'imaginassent que Buonaparte avait
tenu ses promesses, que les alliés n'étaient arrivés dans la capitale *qu'en passant sur son ca-
davre,* on avait soin avant tout de les rassurer
sur la *santé* du chef. Voici ce que l'on disait
aux habitans du département de Maine-et-
Loire :

« L'empereur *se porte bien,* et veille pour
le salut de tous.

« S. M. l'impératrice et le roi de Rome sont
en sûreté.

« Les rois, frères de l'empereur, les grands
dignitaires, les ministres, le SÉNAT (1), et le

---

(1) Mensonge infâme, mais qui avait son objet.

conseil d'état, se sont portés sur les rives de la Loire, où le centre du gouvernement s'établit provisoirement (1).

« Aussi l'action du gouvernement ne sera point paralysée; les bons citoyens, les vrais Français, peuvent être affligés de l'occupation de la capitale ; mais ils n'en doivent pas concevoir *de trop vives alarmes*. Qu'ils se reposent sur l'activité de l'empereur et sur son *génie*, du soin de notre délivrance ! »

Que pouvait ce prétendu *génie* abandonné à lui-même, privé du secours de tant de braves (2) qu'il avait ensevelis dans les neiges de la Russie, dans les glaçons de la Bérésina !

On a prétendu, dans le temps, qu'outre cette proclamation on envoya dans les départemens *un faux Moniteur, un faux N° du*

---

(1) Très-provisoirement, en effet.

(2) On ne saurait trop faire connaître ce mot de S. A. R. le duc de Berry à des soldats qui, dans une revue, s'excusaient de conserver encore quelque souvenir de celui qui les avait conduits si long-temps à la victoire : « Belle merveille ! s'est écrié le prince ; remporter des « victoires avec des braves déterminés comme vous !

(Note du Traducteur.)

journal de l'Empire, où l'on dénatura absolument les évènemens qui s'étaient passés à Paris le 31 mars et le 1er avril. Des correspondances particulières présentaient la destruction de la capitale comme inévitable ; on excitait de toutes parts les Français à l'indignation et à la vengeance, tandis que, d'un autre côté, l'on *insinuait* aux troupes l'espérance d'un pillage de quarante-huit heures, si elles pouvaient rentrer dans Paris par un coup audacieux. Nous ignorons jusqu'à quel point ces rumeurs ont pu être fondées.

Il y avait toutefois, parmi ces Messieurs, des gens sages qui attendaient patiemment le cours des évènemens, tout prêts à revêtir la livrée du *véritable Amphitryon*, dès que la fortune l'aurait proclamé. Ces hommes-là traverseraient vingt révolutions sans se compromettre.

Nous ne répéterons pas, sur l'abdication de Buonaparte, des détails que tout le monde connaît ; ils ont été consignés dans tous les journaux, et dans une foule de brochures. On connait moins le traité particulier qui fut fait entre lui et les puissances alliées, et par lequel Buonaparte se fit chèrement payer une renonciation dont on aurait pu, à toute force, se passer; et, par ce motif, nous en donnerons ici les principales dispositions, d'après les papiers étrangers. Si le nouveau Don Quichotte, après avoir fondé un empire et distribué des royaumes à ses écuyers, s'est vu réduit, comme Sancho Pança, au gouvernement d'une île, du moins c'est pour lui une retraite assez brillante.

On prétend qu'à son arrivée en Egypte, il disait, dans ses momens d'épanchemens et de familiarité : « Ce serait un beau spectacle pour « l'univers, que de voir, 1800 ans après J.-C., « un petit citoyen Corse, roi d'Egypte et de « Jérusalem ! » Depuis, ses espérances sont montées bien plus haut; mais, certainement, la possession de l'île d'Elbe et de tant de trésors qu'il a dû y emporter, aurait pu suffire à ses vœux, même dans le temps de l'expédition d'Egypte.

Voici quelques articles du traité :

ART. Ier. Sa Majesté l'empereur Napoléon renonce pour lui, ses successeurs et ses descendans, et pour tous les membres de sa famille, à tout droit de souveraineté et de domination, tant sur l'empire français que sur le royaume d'Italie et tout autre pays.

(279)

2. Leurs Majestés l'empereur Napoléon et Marie-Louise conserveront leurs titres et leur rang, pour en jouir pendant leur vie. La mère, les frères, sœurs, neveux et nièces de l'empereur, conserveront aussi, en quelque lieu qu'ils résident, les titres de princes de sa famille (1).

3. L'île d'Elbe, *adoptée* (1) par sa majesté l'empereur comme son lieu de résidence, formera, pendant sa vie, une principauté séparée, qu'il possédera en toute souveraineté et propriété. Il sera en outre accordé en toute propriété, à l'empereur Napoléon, un revenu annuel de deux millions inscrits au grand-livre de la dette publique de France, dont un million reversible à l'impératrice.

4. Les duchés de Parme, de Plaisance et de Guastalla, seront donnés en toute propriété et souveraineté à sa majesté l'impératrice Marie-Louise ; ils passeront à son fils et à ses des-

---

(1) Observons ici que ces messieurs et ces dames ont eu le bon esprit de ne pas user de cette faculté.
(Note du Traducteur.)

(2) Une traduction de la même pièce, qui a paru dans un autre ouvrage, porte *choisie*, et non pas *adoptée*. J'ai suivi le sens littéral de la copie anglaise. (*Ibid.*)

cendans en ligne directe. Le prince, son fils, prendra à l'avenir le titre de *prince de Parme, de Plaisance et de Guastalla.*

Il paraît qu'il avait été convenu, en principe, que Buonaparte et sa famille jouiraient d'un revenu net de six millions. Les produits de l'île d'Elbe étant évalués pour cinq cent mille francs, il ne restait plus que trois millions et demi à répartir; ils l'ont été de la manière suivante :

A l'impératrice Joséphine, un million, ci.	1,000,000
A Madame mère.	300,000
A Joseph Buonaparte et à sa femme. . .	500,000
A Louis Buonaparte, comte de Saint-Leu.	200,000
A la comtesse de Saint-Leu et à ses enfans (1).	500,000
A Jérôme, et à la princesse son épouse. .	500,000
A madame Bacciochi.	300,000
A la princesse Borghèse.	500,000

(1) Le comte de Saint-Leu a refusé avec une noblesse très-louable les indemnités qui lui étaient offertes, tant pour lui que sa femme et ses enfans. Puisse-t-il trouver des imitateurs! Ces Messieurs n'ont-ils pas honte de priver le trésor royal de sommes qui, aujourd'hui, sont si nécessaires pour réparer leurs sottises? L'acceptation par Buonaparte de pareilles conditions, devrait, ce me semble, convertir tous ses partisans, s'il lui en restait encore. *(Note du Traducteur.)*

Ce traité porte, dans les journaux étrangers, les signatures *Metternich, Stadion, Rasoumouski, Nesselrode, Castlereagh* et *Hardenberg; Ney* et *Caulaincourt.*

C'est pour les politiques un problême jusqu'à présent insoluble. Lord Castlereagh a soutenu au parlement d'Angleterre qu'il avait formellement refusé de signer l'original d'un traité qui conférait à Buonaparte, et à sa famille, des titres que la Grande-Bretagne a constamment refusé de reconnaître en eux. Cependant il avoue que sa signature se trouve sur une copie. On ne conçoit pas bien cette distinction, à moins que le traité avec l'Angleterre n'ait été fait sur une minute séparée. Il est étrange, en effet, que l'Angleterre ait attendu, pour reconnaître Buonaparte comme empereur, précisément l'instant de sa chute. C'est ainsi qu'on légitime quelquefois des bâtards dans un mariage *in extremis.*

Une autre condition du traité, est la conservation à la France de tous les diamans de la couronne. L'anecdote qu'on a insérée dans quelques journaux, au sujet du diamant *le régent,* que Buonaparte aurait cédé pour quatre millions, est absolument controuvée (1).

______

(1) Le journal anglais, le *Times,* en copiant les

Nous ne répéterons pas ici ce qui a été dit, peut-être sans preuves, d'une scène violente que Marie-Louise eut avec ses beaux-frères, qui voulaient absolument l'emmener à Fontainebleau, auprès de son mari. Quoiqu'il en soit, l'archiduchesse, cédant aux instances du comte Schouvaloff, qui lui fut député par les souverains alliés, se rendit à Rambouillet, où elle eut une entrevue avec son auguste père, et d'où quelque temps après elle se mit en route pour Vienne. Cette princesse voyageait dernièrement sous le nom de *duchesse de Colorno* (1). Elle a passé à Genève, et elle a dû prendre les eaux à Aix en Savoie, dans la partie du département du Mont-Blanc qui demeure réunie à la France.

---

nôtres, a fait une bévue fort plaisante. Comme en anglais *régent* ne saurait se distinguer de *regente*, à moins de joindre à celui-ci les mots *queen* ou *impress*, le traducteur n'a-t-il pas cru qu'il s'agissait de l'*impératrice régente*, que Buonaparte aurait abandonnée moyennant *quatre millions?* C'est ce qu'exprime fort clairement le journaliste, en ajoutant entre parenthèses, après ces mots, *the regent*, ceux-ci, *meaning his wife*, c'est-à-dire, *voulant parler* de *sa femme*.

(Note du Traducteur.)

(1) Ce domaine est situé dans l'état de Parme.

On retrouva à Blois une partie seulement des trésors que la Régence avait emportés dans sa fuite. Le reste fut véritablement gaspillé, et distribué à titres d'honoraires ou d'indemnités, aux diverses personnes de la cour. Une très-faible portion fut consacrée à la solde des troupes.

Madame, la mère de Buonaparte, reçut, dit-on, 375,000 francs pour son contingent dans le partage. « Léger supplément (dit l'auteur de *la Régence à Blois*) ajouté à un fourgon qui manqua à rester dans les chemins de la Beauce (malgré le nombre de chevaux qui furent employés à l'en retirer), et qui a mérité de fixer l'attention des curieux sur toute la route. »

Buonaparte, après avoir fait lentement les préparatifs de son grand voyage, partit enfin sous bonne escorte, pour les côtes de la Méditerranée. Plus d'une fois, il faillit être victime de la fureur du peuple; mais, honneur au caractère français, aucun assassin ne chercha à répandre son sang. Que faut-il de plus pour démontrer la fausseté des prétendues conspirations tramées contre ses jours, lorsqu'il était premier consul? S'il y eut, en effet, de pareils complots, nul royaliste de distinction n'y prit part ; ils furent tramés par des hommes obscurs et désespérés, que la cessation de la guerre de la Vendée privait de leurs ressources, et qui étaient d'ailleurs excités en secret par la police.

On a prouvé, dans un des écrits qui ont été publiés à Paris, au mois d'avril (1), que Saint-Réjant, le petit François, et les autres auteurs de l'explosion de la rue Saint-Nicaise, étaient *moutonnés* et surveillés par des agens de police. On les perdit de vue, dit-on, deux ou trois jours avant l'évènement. L'auteur de cet ouvrage a produit une preuve irrécusable, un rapport même du ministre de la police, qu'on a exhumé du *Moniteur.* On trouve dans le procès imprimé, une pièce non moins curieuse, et qui donne matière à beaucoup de conjectures. Saint-Réjant, qui avait calculé avec beaucoup de soin la longueur de ses mèches, et la force de sa poudre d'amorce en présence d'une veuve et d'une fille Jourdan, dans la maison même qui était ouverte aux agens de police, écrivait en ces termes à un complice inconnu, en rendant compte de son attentat, et se plaignant d'avoir été mal servi par ses collaborateurs :

______

(1) *Le retour des Bourbons,* etc.

« L'individu qui devait exécuter le projet, privé des renseignemens qu'on devait lui donner, ne fut averti de l'arrivée de la voiture du premier consul, que quand il la vit. Elle n'était pas, comme on le lui avait assuré, précédée d'une avant-garde : cependant, il se disposa à accomplir son dessein. A ce moment, le cheval d'un grenadier le poussa rudement contre le mur et le dérangea. Il revint à la charge, et mit le feu de suite ; *mais la poudre ne se trouva pas aussi bonne qu'elle l'est ordinairement*, et son effet fut de deux à trois secondes plus lent qu'il ne devait l'être ; car, sans cela, le premier consul périssait inévitablement. »

Par une autre fatalité, la veuve Jourdan se précipita par la fenêtre et se tua, le jour même où l'on vint dans sa maison pour faire des recherches ; et cette femme eût été dans le cas d'expliquer bien des choses. On aurait su quels étaient ces agens secrets, que la police entretenait parmi les conjurés, et comment ils avaient tout-à-coup disparu. Du reste, on ne prétend inculper ici, en particulier, ni aucune administration, ni aucun fonctionnaire. La police était tellement organisée, et ses di-

verses parties se coordonnaient entr'elles d'a-
près une hiérarchie si savante, qu'il serait difficile d'assigner à chacune de ses parties son
rôle véritable : il y avait le ministère de la police, la préfecture de police, la police militaire, la *contre-police*, et enfin, brochant
sur le tout, la police particulière du chef du
gouvernement ; celle-ci n'était pas la moins
active.

Cette digression n'était peut-être pas inutile
à l'appréciation d'un gouvernement qui s'est
signalé par tous les genres d'oppression, et qui
a perfectionné, à un degré inconcevable, la
théorie et la pratique de L'ESPIONNAGE.

Buonaparte arriva devant l'île d'Elbe le
TROIS MAI, le même jour et presqu'à la même
heure où *Louis-le-Désiré* touchait le seuil du
palais de ses pères. Quel rapprochement singulier, et que le hasard seul n'a pu produire !

Il débarqua ayant à son chapeau la cocarde
blanche et rose (ce sont les couleurs de l'île
d'Elbe). On déploya en même temps, sur les
forts, l'antique bannière de l'île, un drapeau
blanc, avec une barre rouge semée de *trois
abeilles d'or*. Ainsi Buonaparte conservera,
dans ses armoiries, les abeilles qu'il avait adop-
tées pour emblême de son empire, parce

que, sur la foi de monumens très-suspects, trouvés à Tournay, dans le tombeau de Chilpéric, on a cru que telles avaient été les armes des premiers rois de France, et que les fleurs de lis n'étaient que des abeilles défigurées (1).

Puisse Buonaparte, dans cette retraite, reconnaître le néant de l'ambition ! Puisse-t-il s'humilier, en voyant qu'un souffle a suffi pour renverser le colosse de sa grandeur ! Il fait, dit-on, frapper une monnaie où, à l'exemple du fameux Sylla, qui avait pris le surnom de *l'heureux Sylla*, il a donné ordre qu'on gravât cette légende : *ubicumque felix.* On ne saurait blâmer le *duc d'Elbe* (c'est le nom que lui donnent les journaux italiens) de cet orgueil peu philosophique ; mais il a peut-être un peu trop cédé aux insinuations de la flatterie, qui, jusqu'au milieu des rochers de l'île d'Elbe, distille ses poisons dans un cœur qui y est malheureusement trop accessible.

Peut-on lire, par exemple, sans pitié, la pièce que nous allons mettre sous les yeux de

---

(1) J'ai prouvé ailleurs que cette conjecture était peu fondée, et que les fleurs de lis étaient évidemment, dans l'origine, des *fers de lance.*

nos lecteurs? Ce mandement du vicaire-général de l'île d'Elbe, se trouve dans les journaux étrangers ; il n'est pas encore connu en France. On ne peut voir, sans surprise, la qualification de GRAND donnée à un homme qui a fait une si lourde chute.

MANDEMENT.

JOJEPH-PHILIPPE-ARRIGHI, chanoine honoraire de la cathédrale de Pise et de l'église métropolitaine de Florence, et (sous l'évêque d'Ajaccio) vicaire-général de l'île d'Elbe et de la principauté de Piombino ;

A nos bien-aimés dans le Seigneur, nos frères composant le clergé, et à tous les fidèles de l'île, salut et bénédiction.

« La divine Providence qui, dans sa bienveillance, dispose irrésistiblement de toutes choses, et assigne aux nations leurs destinées, a voulu qu'au milieu des changemens politiques de l'Europe, nous fussions à l'avenir les sujets de NAPOLÉON-LE-GRAND.

« L'île d'Elbe, déjà célèbre par ses productions naturelles, va devenir désormais illustre dans l'histoire des nations, par l'hommage qu'elle rend à son nouveau prince, dont la gloire est immortelle. L'île d'Elbe prend en effet un rang parmi les nations, et son étroit territoire est ennobli par le nom de son souverain.

« Elevée à un honneur aussi sublime, elle reçoit dans son sein l'oint du Seigneur, et les autres personnages distingués qui l'accompagnent.

« Lorsque sa majesté impériale et royale *fit choix* de cette île pour sa retraite, elle annonça à l'univers quelle était pour elle sa prédilection.

« Quelles richesses vont inonder notre pays! quelles multitudes accourront de tous côtés pour contempler *un héros!*

« Le premier jour qu'il mit le pied sur ce rivage, il proclama notre destinée et notre bonheur : *Je serai un bon père,* dit-il, *soyez mes enfans chéris!*

« Chers catholiques, quelles paroles de tendresse! quelles expressions de bienveillance! quel gage de notre félicité future! Que ces paroles charment donc délicieusement vos pensées; et qu'imprimées fortement dans vos ames, elles y soient une source inépuisable de consolations!

« Que les pères les répètent à leurs enfans ;
que le souvenir de ces paroles, qui assurent
la gloire et la prospérité de l'île d'Elbe, se
perpétue de générations en générations.

« Heureux habitans de Porto-Ferrajo, c'est
dans vos murs qu'habitera la *personne sacrée*
de sa majesté impériale et royale. Renommés
de tout temps par la douceur de votre caractère et votre affection pour vos princes,
Napoléon-le-Grand réside parmi vous ; n'ou-
bliez jamais l'idée favorable qu'il s'est formée
de ses fidèles sujets.

« Et vous, tous fidèles en J. C., conformez-
vous à la destinée : *Non sint schismata inter
vos : idem sapite , pacem habete , et Deus
pacis et dilectionis erit vobiscum.*

« Que la fidélité , la gratitude , la soumission règnent dans vos cœurs. Unissez - vous
tous dans des sentimens respectueux d'amour
pour votre prince, qui est plutôt votre père
que votre souverain. Célébrez avec une joie
sainte la bonté du Seigneur, qui de toute éternité vous a réservés à cet heureux évènement.

« En conséquence, nous ordonnons que
dimanche prochain, dans toutes les églises,
soit chanté un *Te Deum* solennel en actions
de grâces au Tout - Puissant , pour la faveur

qu'il nous a accordée dans l'abondance de sa miséricorde.

« Donné au palais épiscopal de l'île d'Elbe, le 6 mai 1814. »

Le vicaire-général, ARRIGHI.

FRANCESCO ANGIOLETTI, *secrétaire.*

Je ne sais si le sénat de Tibère, ou si quelques-uns des sénateurs affidés de Buonaparte eussent osé se permettre de pareilles adulations, tant elles ressemblent à la plus sanglante ironie.

Ah ! si M. le vicaire-général Arrighi eût lu les sermons de Massillon, il se fût gardé peut-être d'inspirer à ses ouailles tant d'admiration pour le génie belliqueux de leur nouveau souverain.

Dans son sermon sur la gloire humaine, l'orateur sacré (1) trace en ces termes le portrait hideux d'un conquérant :

______

(1) *Petit Carême ,* sermon pour le dimanche de la Passion. — Ce qu'il y a d'étrange, c'est que ce sont les bons amis de Buonaparte qui, les premiers, ont reconnu avec effroi l'allusion que ce passage pouvait offrir. La police l'a retranché dans une édition nouvelle du *Petit Carême.*   (*Note du Traducteur.)*

« Tout ce qui lui paraîtra *glorieux* devien-
dra *légitime* : il regardera les momens d'un
repos sage et majestueux comme une oisiveté
honteuse et des momens qu'on dérobe à sa
gloire ; ses voisins deviendront ses ennemis,
dès qu'ils pourront devenir sa conquête ; ses
peuples eux-mêmes fourniront de leurs larmes
et de leur sang la triste matière de ses triomphes ; il épuisera et renversera ses propres
états pour en conquérir de nouveaux ; il ar-
mera contre lui les peuples et les nations ; il
troublera la paix de l'univers ; *il se rendra
célèbre en faisant des millions de malheureux.*

« Quel fléau pour le genre humain ! Et s'il
y a un peuple sur la terre capable de lui
donner des éloges, *il n'y a qu'à lui souhaiter
un tel maître.* »

FIN.

www.ingramcontent.com/pod-product-compliance
Ingram Content Group UK Ltd.
Pitfield, Milton Keynes, MK11 3LW, UK
UKHW020728120726
13693UKWH00001B/221